구름이 내게 웃는다

장용식 수필집

교음사

| 머리글 |

  글을 쓴다는 것은 자기와의 싸움입니다.
  그리고 노동입니다. 많은 인내가 필요한 글쓰기는 불현듯 사로잡힌 한 단어에서 평범한 일상 속에서 가슴을 울리는 소리를 듣습니다. 전 두 눈의 빛을 잃은 사람입니다. 남들처럼 세상을 보지 못합니다. 그래서 제 글은 곁을 스치고 가는 바람소리 빗방울 떨어지는 소리, 계절의 변화에 귀 기울며 영감을 얻어 삶의 의미를 담고자 노력합니다.
  제 글은 지난날 유년과 소년 시절 곤궁했지만 부모님의 대한 애정과 꿈 많던 청년 시절 시련과 고난 속에서도 결코 희망의 끈을 놓지 않고 살아온, 인생의 의미를 담은 글입니다.
  부족한 글이지만 독자들의 가슴에 뭉클함이 전해지기를 바랍니다.
  이민호 선생님께 진심으로 감사드립니다.
  2025년 한국장애인문화예술원 문화예술진흥기금을 지원받게 된 것은 선생님이 도와주셨기에 가능한 일이었습니다.

시각장애인인 저의 눈과 손발이 되어 주신 선생님께 다시 한번 감사의 말씀를 드립니다.

월간 『수필문학』 회원님들의 많은 축하 메시지와 김해문인협회 회원님들 그리고 교회 목사님, 많은 성도님께서 축하해 주심에 깊은 감사를 드립니다. 또한, 책을 출간할 때마다 많은 수고와 아낌없는 도움을 주시는 강병욱 대표님께 진심으로 감사드립니다.

오늘의 이 큰 기쁨을 밑거름 삼아 더욱더 성숙한 작가로 나아가겠습니다.

다시 한번 감사를 드립니다.

2025. 6. 장용식

차 례

- 머리글

1. 빛이 그리워

봄의 길목에서 … 16

빛이 그리워 … 19

당신이 있었기에 … 22

봄바람 … 25

옛것을 지키는 마음 … 28

우리의 보행길 … 31

계절 … 34

내가 가장 젊을 때 … 37

소나무 … 40

하늘이시여 … 43

떨어진 꽃잎처럼 … 46

인생이 내게 묻는다면 … 49

커피 한잔 … 52

나의 장애 … 55

세상살이가 … 58

2. 자연의 소리

무지개처럼 ··· 62

싱그러운 여름 ··· 65

인생은 빈 그릇 ··· 68

장로님의 검정고무신 ··· 71

웬 개구리 ··· 74

수맥 ··· 77

삶과 죽음 ··· 79

여행 ··· 82

나는 어디로 ··· 86

모정 ··· 89

자식은 몰라 ··· 92

부모와 자식 ··· 95

생각 ··· 98

자연의 소리 ··· 101

젊음은 짧고 노년은 길다 ··· 104

3. 가을의 허수아비

들녘 길 ··· 108

메밀꽃 필 때면 ··· 111

깊어진 가을 ··· 114

낚시 ··· 117

노년의 행복 ··· 120

단풍과 신비로움 ··· 123

가을햇살 ··· 126

제일의원 ··· 129

준비되지 않은 이별 ··· 132

가을의 허수아비 ··· 135

종착역 ··· 138

가을밤의 찬바람 ··· 141

훨훨 ··· 144

바람길 ··· 147

엄마의 나팔꽃 ··· 150

4. 구름이 내게 웃는다

강산이 변한 게 아니라 ··· 154

영원함은 없다 ··· 157

겨울의 문턱 ··· 159

구름이 내게 웃는다 ··· 162

나는 그 길을 가고 있다 ··· 165

서민의 삶 ··· 168

모퉁이 ··· 172

엄마의 젖가슴 ··· 175

계절의 나뭇잎 ··· 178

언젠가 봄은 온다 ··· 181

왜 그리 사셨소 ··· 184

청춘 ··· 187

엄마의 향수 ··· 190

장용식의 수필세계 / 오경자(문학평론가) ··· 193

1

빛이 그리워

봄의 길목에서

봄으로 가는 길목에 꽃샘추위가 봄을 붙잡는다. 요즘 겨울에서 벗어나 따스한 날씨에 봄의 향기를 한참 맡는데 어젯밤 갑자기 눈이 내려 내가 사는 진영에 높은 산봉우리에 하얀 눈이 제법 쌓였다. 오늘까지 좀 춥고 내일부터는 또다시 따뜻하다고 하니 다행한 일이다.

오늘은 일요일이라 집 앞 교회에 갔다가 집으로 오는 길에 아파트 정원의 동백나무를 만져보니 꽃망울이 많이도 맺혀있다. 작은 꽃망울은 곧 터트리려고 빨간 꽃잎을 내민다. 이번 달도 이제 4일밖에 남지 않았다. 곧 3월 중순이면 꽃을 모두 피우지 않을까. 그런데 요즘 동백꽃이 피어도 벌들이 전혀 날아오지 않는다. 내가 초등학교 다닐 때는 봄 소풍을 동백나무 군락지로 가면 수많은 벌들이 꿀을 모으느라 아주 소리가 요란했었다. 그땐 꽃잎을 따서 꽁무니를 쪽 빨면 정말 달콤했었는데 요즘 동백꽃은 개량 동백꽃이라 꽃잎 속에 노란 꽃술이 보이질 않는다. 꽃잎에 모두 꽃술이 가려서 벌들이 모여들지 않는다. 그러니 꽃잎을 따서 빨아 보아도 달콤한 꿀이 나오질 않는 것이다. 동백꽃을 생각하니 어릴 적 내가 초등학교 다니던 시절이 너무나도 생각이 난다. 이제 봄으로 가는 길목에서 더 이상 꽃샘추위는 오지 않았으면 좋겠다.

봄은 역시 누구나 좋아하는 계절인가 보다. 사람들의 마음을 설레게 하고 들과 산에는 이름 모를 꽃들이 피어날 것이다. 3월 말쯤 되면 벚꽃이 활짝 피어날 것이고 산에는 철쭉꽃들이 활짝 피어 큰 산을 온통 연분홍빛으로 수를 놓을 것이다. 아마도 사람들의 마음을 사로잡는 계절은 사계절 중 봄이 최고일 것이다. 사람들에게 봄이 오는구나 말만 해도 모두가 설렐 것이다. 완연한 봄이 되면 사람들은 가족과 꽃구경 나설 것이다.

지금쯤 겨울 동안 얼어붙었던 땅들이 녹아 많은 식물이 땅을 헤집고 나올 것이다. 봄이면 하루하루가 무섭게 잎들은 솟아오른다. 잎들을 자세히 들여다보고 있노라면 나뿐만 아니라 많은 사람이 참으로 신기하다고 할 것이다. 그리고 우리는 봄으로 가는 길목에서 봄을 맞이하고 싶다.

빛이 그리워

 요즘 봄 날씨가 정말 좋다. 이곳 경남에도 관광지가 많지만 내 고향 전남 강진에도 많이 있다. 명산과 국보급이 있는 곳은 친구 세 명과 뜻이 맞아 언제나 함께 여행을 했다. 심지어 섬까지 곳곳을 찾아다녔었는데 내 청년 시절이 너무나 그립다. 이 아름다운 봄을 마음껏 볼 수도 없고, 갈 수도 없고, 이럴 때는 내 마음은 답답하기 그지없다. 한쪽 눈만 시력을 잃었다면 이렇게 멋진 아름다운 봄날 배낭을 메고 마음껏 여행을 할 텐데 어찌 양쪽 모두를 가져갔을까. 그나마 좌측 시력이 희미하게 보이기에 가까운 곳은 다닐 수는 있다. 한편 어찌 생각하면 희미하게 보이는 시력이나마 감사해야겠지. 사람인지라 이렇게 욕심을 내본다.

옛 생각을 하면서 글을 쓸 때면 내 심장은 왜 이리도 요동을 치는지, 요즘 들어 청년 시절이 자주 떠오른다. 그 때는 봄이 오면 어디로 가고 그 어느 곳에서 너무나 즐거웠는데…. 한번 지나가면 되돌릴 수 없는 것이 인생이거늘 옛 생각을 떠올려서 무얼 어쩌겠다고 자꾸만 떠오르는지, 세월이 데리고 간 내 젊은 청춘. 이제는 옛 생각을 지우려고 나 자신과 싸워야 할 것 같다. 언제까지 이렇게 가지고 갈 수는 없지 않은가. 우리의 인생사 뜻대로 되었다면 내 눈이 이러했을까. 조금씩 잊어야만 나 자신도, 건강도 좋은 줄 알면서도 뜻대로 안되는 게 우리의 인생인가 보다.

어쩔 수 없는 내 신세 어느 누가 대신해 줄 것도 아닌데, 예전에 보았던 밝은 빛을 늘 그리워하지만, 이제는 모든 욕심을 내려 놓고, 가는 길을 한 발짝씩 내디며 걸어가야 하지 않겠는가. 이제 밝은 빛은 그립지만 생각부터 지워야 할 것이다. 지나간 세월 속에 묻혀 지나간 인생 생각한들 무엇하리, 그저 마음의 상처일 뿐인데, 오늘부터라도 노력을 해 보련다.

나 같은 경우는 어느 누가 안구를 기증해 준다 해도 이식을 못 하는 상태가 아닌가. 시신경이 자꾸 수축되면서 줄어들어 가기에 기증을 받을 수도 없다. 시력을 잃었을 때는 병이 이러하니 담담하게 받아들이자고 마음을 수백 번을 다짐했건만 막상 시력을 잃고 벌써 10년째인데도 마음은 쉽사리 진정이 되지 않고 마음속에 둥지를 틀고 있다. 하지만 어쩌랴, 이제는 나 자신과 싸워야 하지 않겠는가. 그리고 미소를 지으며 살아보련다.

당신이 있었기에

 우리는 부부로 만나 살라는 운명이 정해져 있었나 보다. 장애인과 정상인이 결혼한다면 아니 저럴 수가 하며 깜짝 놀란다. 그러니 가족들은 얼마나 놀랍고 반대를 하겠는가. 펄쩍펄쩍 뛰다 못해 결혼식에도 참석을 하지 않는다. 그러한 가정들이 흔하다. 그리고 보면 사람들의 마음이란 뭐라 할까, 음~ 어느 누구도 모른다고나 할까.
 나도 장애인이지만 각각의 장애만 다를 뿐이지 모두 같은 장애인이다. 남자 쪽이나 여자 쪽이나 어느 누가 걸을 수 있고 말을 더듬지 않고 하느냐에 따라서 서로 간의 부모들이 반대를 하고 안 하고들 한다. 남자 쪽은 그와 마찬가지로 집 안에 앉아서 생활을 한다고 하면 어느 부모나 자기 자식보다 조금 나은 장애인을 원한다. 그것이 인간의 심리이기에 어쩔 수가 없다. 하지만 당사자들이 서로 좋아 어쩔 수 없다면 너희들 알아서 하라며 나는 너희들 결혼식에는 가지 않을 테니 그런 말을 하면서도 그래도 내 자식인지라 참석을 하는 사람, 결국 오지 않는 사람들을 종종 볼 수가 있다.

우리가 살아가면서 방송을 통하여 아니면 길을 가다가 종종 비장애인과 장애인 간에 부모로 사는 걸 보았을 것이다. 사람들이 어떤 사람이 되었건 서로 마음에 들어 정이 들면 어느 누구도 말릴 수가 없다. 우리 주위에서 흔히 볼 수가 있다. 멀리 볼 곳도 없이 나와 지금의 내 아내이다.

내가 아내와 만나 사귈 때 아내는 머리에서 발끝까지 모두 명품으로만 입고 다녔다. 그 당시 아내와 데이트를 하면서도 큰 걱정을 했었다. 이 여자가 명품만 입고 사는데 나 같은 장애인에게 와서 살 수가 있을까. 아내는 그 당시 나를 장애인으로 생각지도 보지도 않았었다. 어느 누구나 나를 참 잘생겼다고 욕심이 난다 말을 듣는 얼굴이었다. 하지만 모두가 내 두꺼운 안경에는 전혀 신경을 쓰지 않았다. 그렇게 살았던 아내가 장애인을 만나 작업복을 입고 새벽 다섯 시면 병원 청소 일을 하고 오후 1시면 다시 병원으로 가 물리치료 보조 일을 한다. 내 아내는 내가 시력을 완전히 잃을 때까지 지금까지도 말 한마디 없이 그저 묵묵히 나를 지켜주고 있다.

나도 당신이 있기에 글을 쓴다. 장애인과 비장애인이라 할지라도 서로가 맞춰가며 살아가기에 여기까지 왔다. 여보! 고맙소. 당신이 있었기에.

봄바람

 올겨울은 몇십 년 만에 최고의 강추위였다. 하지만 계절은 변함없이 찾아오나 보다. 2월 중순이 넘어 3월을 일주일 남겨 놓고 있으니 내 마음에도 봄은 바람결에 밀려오고 있는 듯하다. 내 마음부터가 봄의 향기다. 계절은 어쩔 수 없이 자연스럽게 바뀌어 가고 있다. 매서운 올겨울 강추위가 물러설 줄 모르게 온천지를 꽁꽁 얼어붙게 하더니 소리없이 다가온 봄의 계절에 서서히 물러가고 있다. 그러고 보면 자연의 순리는 어느 누구도 바꿀 수가 없나 보다.
 요즘 햇볕은 봄기운을 확 느낄 수가 있다. 아니 내 마음속에는 이미 봄이 와 있다. 이달이 가고 삼월이면 벚꽃이 피어나기 시작하겠지. 길가에는 개나리꽃이 아주 노랗게 피어날 것이고 초등학교 다닐 때 학교 뒷산에 올라가면 할미꽃이 그렇게도 많이 피었었는데 지금도 내 고향 뒷산에는 할미꽃이 많이 피어날까.

지금은 왜 자꾸만 어린 시절 친구들과 뛰어놀던 생각이 이렇게도 떠오르는지. 철없던 어린아이가 어느덧 나도 모르게 석양을 바라보고 있으니 세월 속의 변화는 자신도 모르게 흘러가나 보다. 지금 생각해 봐도 그저 헛웃음만 나올 뿐이다. 내가 언제 여기까지 와버렸는지 내 마음은 아직까지 이 나이를 허락하지 않는 듯, 나도 모르게 인정할 수 없다는 듯이 그저 쳐다보게 된다. 그러고 보면 뭐니 뭐니 해도 세월처럼 무서운 게 없나 보다.

이제는 내 마음도 하나하나 내려놓아야 할 것 같다. 내 나이가 여기까지 왔으면 스스로 비울 줄을 알아야 하지 않을까. 이쯤 되었으면 언제 어디서 멈출지 모르는 인생이 아닌가. 누구나 이 나이가 되면 나와 같은 생각을 하지 않을까. 어찌 되었든 내 인생 참으로 잘 놀았다. 우리의 인생이 뭐 별거 있는가. 이 땅에 와서 나를 위해, 가족을 위해 열심히 살아왔지 않았는가.

계절이 변해 가듯이 우리 인생도 자연스럽게 변해 가는

것이다. 그와 마찬가지로 곧 머지않아 완연한 봄소식이 들려올 것이다. 계절 중에 봄처럼 좋은 계절이 또 있을까. 이제 봄은 온통 꽃의 향기로 가득 찰 것이다. 주말이면 너나 나나 할 것 없이 가족들이 봄소식에 얼굴을 묻고 활짝 피어나지 않을까. 사람의 마음은 어쩔 수가 없나 보다. 마음속에 봄이 오면 이미 봄은 우리 곁에 와 있다. 봄의 향기 봄바람에 실려 우리에게 향긋한 봄의 향기를 가슴속 깊이 적셔준다.

옛것을 지키는 마음

오월 중순인데도 날씨가 한여름처럼 햇볕이 너무나 따갑게 느껴진다. 올여름 기온이 이대로라면 40℃를 웃돌지 않을까 싶다. 그래도 아침저녁으로 사람들은 날씨와 상관없이 운동을 한다. 여기 김해 지역에는 해반천 들이 넓다. 이 들에는 조깅, 걷기, 운동기구가 잘 비치 되어 있다. 진영 지역도 예전에는 비만 오면 물이 넘쳐 구도로 밑에까지 물이 차올라 주택에 사는 사람들은 잠을 이루지 못하고 대피했었다. 이제는 그 늪지대를 고(故) 노무현 대통령 많은 흙을 메워 지금은 신도시로 변해버렸다. 만약 노무현 집권 시절 전 대통령께서 당선이 되지 않으셨다면 아마

지금도 그대로 있지 않을까 생각해 본다. 향토 기업이었던 대동건설에서 지금 신도시가 아닌 현재 장복아파트 옆 옛 진우원이 있는 곳을 신도시로 계획하고 농지를 사들였었다.

그때 늪지대였던 곳이 아름다운 진영 신도시로 변해 버렸다. 신도시에도 크고 작은 해반천과 공원들이 많이 있다. 하지만 내게는 그림의 떡이라고나 할까. 진영 여래 금병공원 한복판에는 옛날 농사를 짓기 위해 만든 작은 못이 있다. 지금은 조그맣게 둘레길을 걸으면 한 바퀴 도는데 7~8분이면 운동하기 적당하니 참으로 좋다. 어떤 사람은 몇 바퀴도 돌지만 나 같은 경우는 딱 한 바퀴면 제일 좋다. 그래서 가끔씩 그곳을 찾는다. 하지만 조금 아쉬운 게 있다. 옛날 철길을 걷어내고 시민들이 운동하기 좋게 만들어 놓았다. 그 길이가 약 6~7킬로 정도가 된다. 그 철길을 그대로 두고 옆으로 길을 만들고 전라도처럼 증기관 열차를 창원역에서 삼랑진까지 관광열차로 운행했으면 더 좋았을 텐데 하는 아쉬운 생각이 들기도 한다.

우리는 옛것을 보존할 줄 모른다. 일본 같은 경우는 아주 오랜 전통을 좋아해 옛 건물과 도로를 그대로 보존하고 있다. 영국, 프랑스, 중국만 해도 그 옛날 모습 그대로 관광열차로 운행을 지금도 하고 있다. 좌석도 옛것이라 매우 불편하지만 아랑곳없이 많은 사람들이 사용을 한다. 우리 진영도 그리했으면 참 좋았을 텐데 하는 생각이 든다. 하지만 옛 진영역 자리에는 열차 박물관이 있고 열차 커피숍이 있고 공연장도 있다. 공연할 때 한 번도 가 보지 못했지만 매주 주말이면 공연을 하여 사람들이 많이 모인다고 한다. 그래도 옛 철길을 나름대로 잘 꾸며놓았다. 앞으로도 우리 진영은 땅이 많아 더욱더 아름답고 '사람 사는 세상'인 우리 김해 진영이 되지 않을까 생각해 본다.

우리의 보행길

지금 벚꽃은 만개해 바람이라도 조금 불면 내 머리에 얼굴에 앉는다. 아마도 진해는 오늘 일요일을 맞이하여 많은 사람이 몰려들 것이다. 계절 중에 봄이 최고가 아닐까. 두꺼운 옷을 벗어 버리고 가벼운 옷에 봄에 피어나는 꽃향기를 맡으면서 봄나들이를 한다는 것은 생각만으로도 즐겁다.

그래서일까 해가 거듭할수록 차를 타고 다니는 사람들은 남이야 뭐라 하든 아무런 관심이 없다. 자기가 주차하고 싶은 곳에 주차를 해 버린다. 전혀 다른 사람들을 생각하지 않는다. 요즘은 더 심한 것 같다. 나처럼 시각장애인은 꼭 건널목을 찾아 걷는다. 어떤 사람들은 양쪽 건널목에다 주차를 해 놓는다. 건널목에 주차를 해 둔 사람들을 이해를 하려 해 봐도 도무지 이해를 할 수가 없다. 앞을 보지 못하는 나뿐만 아니라 많은 사람이 건널목을 이용하는데 자신들도 그 길을 이용해 봤을 텐데 왜들 그럴까. 건널목에다 주차를 해 버리면 보행자들은 무단횡단을 하란 말인가. 그 일이 하루 이틀 일이 아니다. 나는 무릎이 안 좋아 매일 물리치료를 받아야 한다. 하루도 빠짐없이 건널목에는 승용차, 오토바이는 한쪽만이 아닌 양쪽 모두 세워 버리니 그것도 버젓이. 인도에 주차를 해 버리면 사람은 차도로 내려가야만 한다. 나는 한두 번도 아니고 해서 김해 시청 도로과에 민원을 제기하고 차를 주차해둔 꽃집에 당부의 말도 했었다. 시청에서 나왔는지 안 나왔는지 달라진 게 없다. 모두 이제 지쳐 민원을 하지 않는 것 같다.

건널목 앞 건물에는 주차 타워가 있으나 보행자들을 전혀 생각지들 않는다. 행여 차주들을 만나 이야기를 해도 전혀 미안하다는 생각을 하지 않는다. 오히려 젊은 사람들은 혼잣말로 욕설까지 한다. 그러니 내가 만약 뭐라 하면 알아들을까. 큰 봉변을 당할 것이다. 앞으로 우리의 보행길은 안전할 수가 있을까. 비장애인들은 우리 장애인에 대하여 전혀 생각을 않는다.

 며칠 전 점자블록을 따라 걷는데 젊은 남자가 내가 걸어오는 걸 보고 앞을 가로막고 나더러 돌아가라 하는 것이 아닌가. 말싸움하려면 끝이 없다. 우리의 보행길은 어디인가. 그 사람들에게 묻고 싶다.

계절

 계절은 어찌 생각해 보면 두렵고 무섭다고나 할까. 사람들은 올해 새 달력을 받아 보고서 한 장 넘기면서 사계절의 계획을 세웠을 것이다. 봄에는 꽃구경 여름은 가족끼리 여행을 간다거나 휴양지를 찾아 물놀이를 간다거나 가을은 갈대 구경 아니면 농촌체험활동, 겨울에는 뭐니 뭐니 해도 스키장을 계획했을 것이다. 이렇게 모든 계획을 세웠어도 실천에 옮기는 사람, 옮기지 못한 사람이 있다. 모든 세상사가 내 뜻대로 마음먹은 대로 실행되던가. 이것이 바로 우리가 살아가는 세상이 아닐까.

 새 달력을 받아 볼 때는 고향이 먼 사람은 명절에 고향을 어찌 다녀와야 고생을 안 하고 잘 다녀올까 하는 생각, 봄이 되면 가족을 데리고 어느 곳으로 꽃구경을 갈까 하지만 어느덧 무더웠던 여름도 서서히 멀어져가기 시작하고 가을의 찬 공기가 밀려온다. 한낮 햇볕은 따갑지만 가로수 나무 그늘을 지날 때면 시원한 바람이 가을이 왔다는 걸 느낄 수가 있다. 가로수 은행나무는 머지않아 노랗게 익으려고 주렁주렁 달려있다.

　은행나무 열매는 우리에게 건강식품이다. 피를 맑게 해주고 혈액순환도 잘 시켜 주는 참으로 어느 열매보다 좋은 열매이지만 그 껍질 냄새는 참으로 고약해 어느 누구든 저절로 인상을 찌푸리게 한다. 아마도 그 고약한 냄새는 다른 벌레들을 침범하지 못하게 하는 자기만의 보호망이 아닐까. 하지만 사람에게는 아주 고약한 냄새를 풍긴다. 그렇지만 겉과 속은 전혀 다르다. 속 열매는 조금도 고약한 냄새가 나지 않고 아주 구수한 냄새와 맛도 참으로 좋아 자꾸만 우리의 입을 유혹한다.

　내가 열대 과일을 먹어 본 것이 바나나 파인애플 오렌지가 전부다. 열대 나라에 가면 은행 열매처럼 고약한 냄새를 풍겨도 속은 은행과 같이 그렇지 않는다는 말을 들어본 적이 있다. 이제 머지않아 가로수 은행 열매가 곧 떨어질 것이다. 우리 모두가 새 달력을 받아 걸어 놓았을 때는 올 한 해를 어찌 넘길까 생각들 했겠지만 벌써 가을이 시작되고 말았다. 이제 백로가 지나면 모든 식물들은 성장을 멈추고 자기 열매에 집중을 해 속 알이 영글도록 힘을 쓴다. 그러기에 그 옛날 고향에서 약 두 달 동안 철나무를 베기 시작해 추석 전까지 모두 수확을 한다.

아무리 생각을 해 봐도 계절이라 빠르고 어찌 생각해 보면 무섭지 않은가. 1년 365일 생각하면 참으로 많은 날들이다. 하지만 바람처럼 구름처럼 지나가지 않는가. 머리의 생각과 육체는 다르다. 우리 육체는 묵묵히 온몸으로 부딪치며 일을 하지 않는가. 지금 9월이지만 이번 달에 추석 명절이 들어있기에 이달은 어느 달보다 빠르게 지나갈 것이다. 그러다 보면 10월이 우리 앞에 와 있을 것이다. 그러기에 계절은 어찌 보면 참으로 무섭지 않은가.

내가 가장 젊을 때

우리가 이 세상에 태어나 가장 젊을 때가 언제쯤일까? 그때가 언제인지 잘 모르지만 나와 같은 생각을 하는 사람이 있을까? 해 본 적이 없다면 한 번쯤 해 보는 것도 괜찮을 것 같다.

내가 이 나이가 되다 보니 지난날 생각이 많이 난다. 나는 가장 젊을 때가 20대쯤이 아닐까 생각을 해 본다. 아마 그때 가장 꿈도 많고 멋을 내고 싶고 예쁜 아가씨를 만나서 데이트를 즐기며 미래의 꿈을 꾸던 때가 아니었을까? 그저 얼굴이며 옷이며 제일 신경 쓰며 어떤 아가씨를 만나 아주 즐겁게 데이트를 하며 연애를 해 볼까 생각하던 시절. 지금 생각해 보니 그때가 가장 젊을 때였던 것 같다.

20대에는 날이 새도록 그 먼 곳까지 왔다 갔다 하면서도 피곤하지도 않고 낮에 일을 해도 오늘 밤을 생각하면 잠이 무슨 소용인가. 그저 오늘 밤에도 애인을 만나 즐거운 데이트를 할 생각만 해도 마냥 즐겁기만 했으니까. 지금 생각해 보면 하루도 빠지지 않고 1시간을 걸어가 그녀를 만날 때면 마냥 즐겁기만 했으니까. 지금처럼 포장도로도 아니고 그 먼 길을 걸어갔다 돌아올 때면 왜 그리 내 마음은 허전한지 빨리 동이 트고 해가 지기만을 기다리던 나의 20대 시절. 지금 생각해 봐도 제일 아름답던 시절인 것 같다.

그러던 내가 나도 모르게 이제 황혼길 앞에 서서 한 걸음, 한 걸음 발을 내딛는다. 그때 당시에는 데이트를 하면서 여자와 결혼을 하게 되면 알콩달콩 미래의 꿈을 생각하며 서로 이야기를 주고받으면서 행복한 연애를 했었는데 그러던 때가 엊그제 같은데 내가 벌써 언제 어느 때 여기까지 와 버렸는지 나도 모르겠다. 내가 인생을 살아보니 잘했던 것은 생각나지 않고 왜 이렇게 사기를 당하고 사업에 실패를 하고 꼭 못 했던 것이 이리도 많고 후회되는 일만 생각이 나는지. 이 모든 것이 나의 인생사였다니 그저 한숨만 나오고 후회되는 생각만 난다. 다시 인생을 산다면 예전처럼은 절대로 살지 않을 것이다. 인생을 살면서 왜 후회할 일을 하면서 살아가는지.

한 번 왔다 언젠가는 떠나는 것이 인생이다. 하지만 지금 와서 어쩌랴. 이미 잘살았던 못살았던 인생살이었던 걸. 조용히 혼자서 내가 가장 젊을 때가 언제였을까를 생각을 해 보니 20대에서 30대 이전이 아무런 철도 없이 즐겁게 지내던 시절인 것 같다.

소나무

맑고 푸르던 산들이 벌겋게 말라 죽어 가고 있다. 예전에는 앞을 보아도 좌우를 보아도 푸르던 산들이 재선충병에 많은 소나무들이 몸살을 앓고 있는 게 아니라 말라 죽어가고 있다. 처음에는 그 원인을 몰라 헬기로 약을 뿌려 봤지만 아무런 소용이 없었다. 지금은 그 원인을 알고 미리미리 살충제를 살포하지만 별 효과를 보지 못하고 있다. 재선충병은 재선충이 소나무 껍질을 파고 들어가 소나무 수액을 빨아 먹고 기생하여 살충제를 살포해 봐야 아무런 소용이 없다. 산림청에서 생각다 못해 말라 죽어간 소나무를 베어 군데군데 모아 놓고 살충제를 뿌려 비닐로 감아

꽁꽁 덮어 놓는 방법을 강구했다. 그게 최선이다. 소나무가 말라 죽으면 재선충은 다른 소나무로 옮겨가며 지금은 한 해 한 해가 다르게 그 범위를 전국으로 넓혀 가고 있다.

소나무는 다른 나라에도 있지만 우리나라 소나무보다 작고 약하다. 아마도 우리나라에는 사계절이 있어 더욱더 강하고 질긴 게 아닐까 생각을 해 본다. 내가 예전에 똑같은 두께 똑같은 치수의 외국 소나무와 국내 소나무를 들어 본 적이 있는데 확실히 무게에서 차이가 났다. 외국 소나무는 굉장히 가벼워 한두 번 망치질로 못이 들어가 버리는데 우리나라 소나무는 굉장히 무겁고 단단해서 힘껏 힘을 주어 몇 번의 망치질을 해야 들어간다. 그만큼 강하다는 걸 알 수가 있다.

지금은 재선충병이 전국 산으로 다 번져 서서히 우리의 귀중한 소나무를 죽이고 있다. 이런 추세라면 얼마 가지 못해 우리의 소나무가 사라지지나 않을까 매우 걱정이 된다. 그런데 오늘 아침 뉴스를 들으니 소나무를 베어낸 자리에 소나무가 아닌 참나무를 심는다는 소리에 나는 깜짝 놀라지 않을 수가 없었다. 소나무 씨앗을 잘 소독해서 지금보다 재선충병에 강한 소나무를 만들어야 하는데 소나무가 아닌 참나무를 심다니 이것은 잘못된 방법이라고 생각한다. 안 그래도 멧돼지들이 설치는데 참나무가 조금 자라면 도토리보다 큰 상수리 열매가 열린다. 그걸 풍족히 먹은 멧돼지는 더욱더 번식을 많이 할뿐더러 우리 소나무의 명맥이 끊어진다는 것이다.

  지금이라도 늦지 않았다. 산림청에서는 재선충병에도 이겨 낼 수 있는 소나무를 연구해야 할 것이다. 더한 것도 연구를 하는 데 아마도 꼭 연구해 낼 것이라 믿는다. 그래서 우리 강산이 다시 푸르름으로 이루는 산이 되길 바란다.

하늘이시여

　세월의 시간은 참으로 잘도 흘러만 간다. 1년 열두 달에서 한 달만 남겨 놓고 있다니, 며칠 전까지만 해도 붉게 물들었던 단풍잎은 모두 떨어져 나무는 모든 걸 훌렁 벗어 버렸다.

　저렇게 추운 겨울을 보내고 봄이 되면 또다시 새순이 돋아날 것이고 그 잎은 또다시 물들어 떨어질 것이다. 2024년도 이제 한 달을 넘기면 2025년 새 달력이 걸릴 것이다. 세월은 이렇게 오고 가고 우리의 인생은 한번 흘러가면 돌아오지 않고 한 해 한 해 더욱더 초라해지기만 하는데 그렇다고 어느 누구에게 원망을 할 때가 어디 있는가. 인생은 세월 따라 바람처럼 흘러가는 것이다. 한때는 초록빛을 이루던 산과 들녘이 이제는 휑하니 허전한 마음까지 든다.

사실상 글을 쓰는 사람은 어느 곳이고 다녀야 하는데 나는 텔레비전과 우리 지원사의 도움을 통하여 그때그때 계절에 따라 글을 쓸 수밖에 없다. 그래도 예전에 눈이 조금 보였을 때 농사를 지었던 그 계절을 생각하면서 글을 쓴다. 그러니 뒤처질 수밖에 없고 현실을 보고 느끼고 해야 하는데, 글을 쓰는데도 굉장히 조심스럽게 쓸 수밖에 없다. 한 편의 글을 쓰라면 이런 말은 솔직하게 쓰고 싶다.

하늘이시여 왜 이리 가혹하시나요? 그 많고 많은 사람 중에 왜 나에게 이러한 시련을 주시나요? 또한 많은 장애인들이 있지만 지체장애인은 걸을 수는 없어도 앞을 볼 수가 있어 사계절을 볼 수가 있고 청각장애인은 말을 할 수가 없고 들을 수는 없어도 모든 걸 보고 걸어 다닐 수가 있고 나 같은 시각장애인은 앞을 볼 수가 없어 항상 어둠 속에서 살아가면서 흰 지팡이 하나로 길을 찾으며 어린아이처럼 엉금엉금 걸어다니니 장애인 중에도 최고의 고통인 것 같네요.

하늘이시여 왜 나에게만 이러한 혹독한 장애를 주셨는지. 그러나 한편으로는 감사하기도 합니다. 이렇게 글을 쓸 수 있게 양팔이 있어 이렇게 원망을 하면서도 한편으로는 감사하기도 하고 사람이 모든 걸 다 가지게 되면 또 무언가를 요구하겠죠.

하늘이시여 이러한 자식을 낳아 기르시던 우리 부모님의 심정은 나보다 몇 배로 힘이 드셨겠지요. 살아생전 평생 동안 마음에 무거운 짐을 지고 사셨을 생각을 하니 내 마음은 더욱더 미안해지기만 합니다. 그래도 보이지는 않아도 두 팔이 있어 이렇게 글을 쓸 수가 있어 한편으로는 감사하는 마음이 듭니다.

하늘이시여! 이제는 원망하지 않겠습니다. 이제부터라도 감사할 줄 알고 남은 인생 어디까지 갈지 모르지만 열심히 살아가겠습니다. 하늘이시여 감사합니다.

떨어진 꽃잎처럼

 세월이 이렇게 빠르게 흘러가는 줄 예전에 미처 몰랐다. 며칠 전 매화, 벚꽃이 꽃망울을 터트리더니 어느덧 꽃잎은 다 지고 새 잎이 무성하게 나와 있다. 나는 꽃 중에서도 매화꽃향기를 맡을 때마다 참으로 강인한 식물이라는 생각이 든다. 매화를 볼 때마다 나와 같은 생각을 하는 사람들이 많을 것이다.

 영하 속에서도 매화나무는 자신이 할 일을 다 한다. 그 추위 속에서 꽃잎은 얼어 죽지도 않고 묵묵히 꽃을 피우며 우리에게 향기를 봄이 온다는 기쁜 소식을 전해준다. 다른 꽃들은 봄이 되어 활짝 피었다가도 영하 일 도만 되어도 얼어 죽고 만다. 하지만 매화만큼은 죽지 않고 오히려 더 강한 향을 낸다. 식물도 이렇게 강인한데 하물며 나는 사람이 아닌가. 그런데도 사람들은 조그마한 일에도 상처를 받고 힘들어하고 그 순간을 참지 못하고 자신의 생명까지도 버린다. 그러한 걸 보면 참으로 뭐라 할까 무기력하고 인내심도 없고 참을성이 없다고 할까, 이렇게 글을 쓰는 내 생각이 난다.

 아마도 내가 알기로 영하 속에서 피는 꽃은 매화, 복수초이다. 우리는 조금만 추워져도 손발이 꽁, 꽁, 꽁 얼어버리는데 한낱 식물인데도 그렇게 강인하게 꽃잎이 모두 떨어지더라도 잎이 무성하게 자라고 있다.

 우리 아파트 정원에 동백나무가 많이 심어져 있다. 며칠 전 옛 생각이 나 꽃을 따서 밑 부분을 쪽쪽 빨아도 꿀이 한 방울도 나오지 않아 이상하다 했는데 어제 다시 꽃잎을 손으로 살살 어루만지려는 순간 꽃 한 송이가 떨어져 버렸다. 다시 만져보니 토종 동백이 아니라 개량 동백이었다. 꽃술이 보이지 않아 벌들도 찾지를 않고 그 안에 꿀도 들어 있지 않았던 것이다. 토종 동백꽃은 활짝 피면 노란 꽃술이 정말 아름다운데 개량 동백은 꽃이 피면 장미꽃과 아주 흡사하다.

나는 벌써 동백도 지는구나 생각하며 동백나무 밑을 살살 더듬었더니 땅에 꽃이 수북이 떨어져 쌓여 있었다. 그 순간 너희들도 너의 본분을 다하고 이렇게 떨어져 시들어 가는구나. 나는 병원으로 발길을 돌리면서 나도 언젠가는 저 꽃잎처럼 말없이 떨어져 시들어 흙으로 돌아가겠지라는 생각이 들면서 저 꽃잎이 피었다 떨어질 때 내 인생도 그만큼 붉은 노을빛이 더 들어있겠지…. 식물이나 우리 인생을 생각해 보면 잠시 왔다가는 인생 참으로 허무하구나 라는 생각이 든다. 떨어진 꽃잎처럼.

인생이 내게 묻는다면

 만약 내 인생이 내게 어찌 살았느냐 묻는다면 뭐라고 대답을 할 것인가. 행복하게 살았다고 아니면 행복했다고, 아니면 남들이 사는 만큼 그도 아니면 죽는 날까지 힘들게 살았다고, 또한 그도 아니면 너무너무 불행하게 살았다고. 만약에 자기 인생에 있어 각자 묻는다면 행복하게 살았다고 하는 사람이 몇 프로나 될까. 아니면 모두가 힘들게 살았다고 하지 않을까. 그렇다. 우리가 이 세상에 태어나 노력 없이 어찌 행복을 기대할 수 있을까. 유치원부터 대학까지는 부모님의 도움으로 살았다고 봐야 할 것이다. 하지만 그 후 사회생활은 자신이 스스로 개척해 나가야 할 것이다.

 직장 생활을 하면서 꼬박꼬박 저축을 하며 미래 결혼과 가정을 꿈꾸고, 어떤 이는 회사 일을 마치고 야간 알바로 열심히 일을 한다. 하지만 그런 사람들과 반대로 저축은 전혀 생각지 않고 월급날부터 흥청망청 쓰다 보면 매달 적자다. 그러다 정작 꼭 필요할 때 쓸 돈이 없다. 그러면 어쩔 수 없이 친한 친구한테 손을 벌리거나 직장 동료한테 손을 내민다. 친구나 직장 동료들이 나처럼 사는 게 아니라 자신의 월급에 맞춰 저축하고 용돈은 아껴 쓰며 살아간다. 그러한데 남에게 빌려줄 돈이 어디 있겠는가. 남의 속도 모르고 안 빌려주면 내가 그 돈 떼어먹을까 봐, 아니면 안 갚을까 봐 별의별 소리를 다 해 보지만 자신과 달리 그 사람들은 그 사람 나름대로 월급에 맞추어 살아간다. 그렇다고 적금을 깨서까지 빌려줄 수는 없지 않은가. 사람들은 자신의 처지에 맞게 쓴다.

 그러니까 내가 직장 생활한 지도 벌써 40년이 넘어버렸다. 내 직장 생활을 여태껏 단 한 번도 생각해 보지 않았는데 글을 쓰다 보니 벌써 그 많은 세월이 흘러버렸다. 그 당시 여공들 중 그런 사람들이 몇 명 있었다. 그 사람들은 언제나 마이너스다. 월급 다음 날부터 동료들에게 돈 좀 빌려달라고 이 사람 저 사람 만나 사정을 하는 걸 자주 보았다. 그렇게 사는 사람은 매달 그러하였다. 그 사람들을 자세히 관심을 가지고 보면 주야로 군것질이 입에서 떨어지질 않는다. 한 달에 주야로 근무하면서 그 얼마나 귀한 돈인가. 남들 잘 때 자지 못하고 힘들게 일을 하면서 돈 귀한 줄 모르고 그렇게 군것질로 모두 써 버린다. 그런 사람은 집 전세든 셋방이든 월세도 내지 못하고 쫓겨날 사람들이다. 다행히도 기숙사가 있기에 그나마 살아가지만 그러한 사람들은 결혼을 해 가정을 가져도 평생을 그렇게 살 사람이다.

만약 이런 사람들이 인생을 내게 묻는다면 뭐라고 대답할 것인가. 우리의 인생은 너나 나나 조금의 차이지 너는 행복하다고 나는 불행했다고가 아니라 그냥 인생 공부하면서 즐겁게 살았다고 말하는 것이 행복하지 않을까.

커피 한잔

나는 일주일에 네 번을 물리치료를 받기 위해 병원에 다닌다. 언제나 그곳에 오고 갈 때면 문화센터를 질러가야만 거리가 가깝다. 문화센터에는 공연을 많이 하지만 대부분 청춘들 아니면 학생들이 선호하는 연극을 주로 한다. 문화센터에는 도서관, 교육장, 큰 광장, 커피숍이 있다. 문화센터에서는 유치원에서부터 젊은 청년에 이르기까지 많은 사람이 행사를 한다. 주말이 되면 바로 아파트 앞이라 스피커 소리 때문에 창문을 열어놓지 못한다.

나는 매일 그곳을 오가면서 커피 냄새를 맡는다. 그러다 나도 모르게 그 찻집에 들르게 되었다. 나는 요즘 카라멜

마끼아또라는 커피에 푹 빠져 버렸다. 찻집에 가서 커피를 주문하고 계산을 한 다음 "제가 몸이 좀 불편하니 수고스럽지만 테이블에 좀 갖다 주세요. 빈 잔은 제가 갖다 드릴게요." 하니 바리스타님께서 "네." 하고 대답을 해주시고 조금 기다리니 "커피가 나왔습니다." 하면서 커피를 갖다 주었다. 나는 커피 향을 음미하면서 조금씩 마셨다. 시간이 한참 흐른 후 빈 잔을 카운터 옆에 내려놓고 "감사히 잘 먹었습니다." 하며 인사를 드리고 조심조심 밖으로 나왔다.

다음날도 찻집으로 들어가 카드를 내밀며 "제가 먹던 것 주세요." 하니 "손님께서 드신 게 무슨 커피죠?" 하는 것이었다. 나는 "어제 먹었던 카라멜마끼아또요." 라고 하니 "아 네 알겠습니다." 하고 대답했다. 나는 "제가 몸이 좀 불편하니 좀 갖다주세요. 빈 잔은 제가 갖다드릴게요." 하고 의자에 앉았다. 잠시 후 "커피 나왔습니다." 하며 잔을 내려놓으면서 하신 말씀이 "손님, 여기서 근무하는 사람이 두 명이 아니라 열네 명입니다. 오전 오후 두 명씩 교대하면서 일을 합니다." 라고 한다. 나는 그런 줄도 모르고 내가 어제 먹던 거 주세요, 했으니 그분들이 알 리가 있나. 이제는 커피 주문할 때마다 말을 해야겠구나 하는 생각이 들었다. 문화센터 커피숍에서 한 잔씩 마실 때마다 내 마음은 너무나 편하다. 생각해 보라. 커피 한 잔을 앞에 놓고 커피 향을 맡으면서 분위기를 느껴보지 못한 사람은 아마 그 기분을 모를 것이다.

나의 장애

사람은 태어날 때 장애를 안고 태어난 사람 또는 정상으로 태어났어도 자라면서 장애를 입은 사람, 성인이 다 되어서 갑작스러운 사고로 장애를 입은 사람이 있다. 장애란 누구에게나 예고 없이 찾아온다. 사실상 나도 걸음을 떼기 전에 큰 열병으로 양쪽 시력을 많이 잃었었다. 그러나 지금까지도 어느 누구에게도 원망을 해 본 적이 없다. 단지 좀 불편할 뿐이다. 그러기에 중학교도 가지 못하고 강의록으로 공부를 했었다.

장애를 가졌다는 게 왜 불편하지 않겠나. 사실상 엄청 불편하다. 나뿐만 아니라 모든 장애인이 그럴 것이다. 하지만 단지 남들 앞에 나타 내지 않을 뿐이다. 내가 집안일을 할 때 집 구조를 머릿속에 모두 담고 있기에 불편함이 없다. 그러나 혹 반찬을 만들 때, 뭘 쏟거나 할 때는 나도 모르게 아이고 이놈의 눈!, 하고 소리가 나오면서 화가 난다. 이런 일이 한두 번이 아니었다.

대부분 장애인들은 성격이 다른 사람들보다 조금은 급할 것이다. 왜냐하면 마음은 뻔한데 몸은 마음대로 움직이지 않지, 눈 보이지는 않지, 그러기에 성격이 조금은 급한 편에 속한다. 그렇다고 남들한테 그러는 것은 절대 아니다. 나 혼자 있을 때만 그러는 것이다. 하지만 성격을 조금씩 고쳐야지 하면서도 잘 되지를 않는다. 다른 것은 되는데 왜 유달리 성격은 잘 고쳐지지 않는지. 그것이 우리 장애인들의 성격이 아니라 본능이 아닐까 조심스럽게 생각해 본다. 나도 집안에서는 아내가 두 번 말하면 바로 큰 소리가 나온다. 그러면 아내는 내 성격을 알기에 자기 방으로 들어가면서 방문을 닫아버린다. 하지만 그때뿐이다. 화는 바로 풀린다. 나는 이 성격을 고치려고 무척이나 애를 쓰는 중이다. 밖에 나가 남들에게 큰 소리 내거나 상대방이 잘못을 하면 예전에는 끝까지 물고 늘어졌는데 지금은 그러려니 하고 아예 신경을 쓰지 않는다. 성격을 고친 계기는 글을 쓰고부터다. 마지막 남은 성격을 꼭 고칠 것이다. 때때로 집사람에게 신경질 내는 것과 화내는 것을.

  나의 장애가 남모르게 고통스러울 때가 어디 한두 번이 아니지만, 부모님 원망은 단 한 번도 없었다. 오십 중반에 장애인이 되어 버린 걸, 장애는 그 사람의 운명이라고 생각한다. 나처럼.

세상살이가

우리가 인생을 살아가면서 사람과 사람끼리 스치고 부딪히며 인연이 되어 정을 주고 정을 받고 사람의 온기를 느끼면서 살아간다. 어찌 보면 이것이 인생살이로구나 하는 생각이 든다. 우리가 인생을 살아가면서 어쩌면 이것이 우리 인생 최고의 사람 냄새가 아닐까. 그런데 요즘 갑자기 사람들이 괴물로 변하여 길을 걸어도 마음을 놓을 수가 없는 세상이 되어버렸으니 누굴 원망하고 누구 탓을 해야 할까. 아마도 답은 없는 걸까.

우리는 길을 걷다가도 처음 보는 사람에게도 서로의 눈빛으로 인사를 나누고 또다시 만날 때면 고개를 숙이며 인사를 하고 다음에 만날 때면 누가 먼저 할 것 없이 손을 내밀어 악수를 하며 서로의 온기를 느끼면서 정을 쌓아가야 하는데 지금은 열 번이고 백 번을 본다 해도 서로를 외면하는 찬바람만 분다. 예전처럼 서로서로 사람 냄새를 맡을 수는 없을까?

가만히 생각해 보면 대부분의 사람들이 인생을 살아가다 70대쯤 되면 많은 생각이 드는 것 같다. 바로 인생살이가 한바탕 꿈이라는 것을 생각해 보라. 어찌하든 조금이라도 더 잘살아보려고 밤낮을 모른 채 일을 하는 사람, 또는 앞만 보고 달려가는 사람, 결혼해서 자식들에게 더 좋은 옷에 더 좋은 음식에 더 좋은 환경에 모든 사람이 욕심을 낸다. 그러다 보면 그 곱던 얼굴이며 몸매며 어디로 가 버렸는지 자신도 모르게 머리에는 하얀 서리가 내려 있고 얼굴에는 자신도 몰라볼 정도로 주름살이 덕지덕지 늘어져 있고 그제야 긴 한숨을 내쉴 것이다.

인생은 그만큼 빠르게 흘러가 버리고 자신의 그 옛날 생각에 한숨과 허무함만 밀려온다. 인생살이가 바로 그런 것이다. 다른 사람도 마찬가지. 우리의 인생살이가 모두 비슷하다. 물론 소년 시절에는 모두가 멋진 꿈을 향해 달려간다. 하지만 인생을 살다 보면 그 꿈으로 가는 사람도 있겠지만 대부분 생각지도 못했던 길에 서 있을 것이다. 자기 생각대로 그 꿈대로 살아간다면 어느 누가 행복하지 않을까? 내가 인생길을 걸어 보니 모두가 하나의 인생살이 한바탕 꿈이더라.

2

자연의 소리

무지개처럼

 8월 장마는 끝이 없다. 지금 세계 각국에서 기상 이변이 일어나고 있다. 열대 기온이 4~50도까지 올라갔다가 갑자기 기후 변화로 영하 20도로 내려가 모든 작물이 얼어버려 농작물을 망치고 갑자기 야구공만 한 크기의 우박이 내려 그 우박으로 인하여 사람이 목숨을 잃고 차량의 유리창이 모두 깨져버리는 이런 환경을 우리가 만들어내고 있다. 이것이 모든 공해가 아닌가.

 요즘 내리는 비는 처음 비를 맞아서는 안 된다. 그 빗방울은 온갖 공해물질이 묻어 있어 사람이나 농작물이나 이로울 것이 없다. 비를 맞은 옷을 햇볕에 말려오면 정말 보기에도 끔찍할 만큼 미세먼지가 붙어 있다. 나의 소년 시절에는 비가 내리면 정말 좋아 비를 맞으면서 친구들과 장난을 치며 뛰어놀기도 했는데 지금 비는 뭐라 할까 너무너무 위험한 비라고나 할까. 겨울에 눈이 쌓이면 그 눈을 꼭꼭 뭉쳐 베어 먹곤 했었는데 지금은 먹을 수도 없다. 지붕 밑에 고드름이 주렁주렁 매달리면 그 고드름을 깨어 먹었다. 그러니깐 생각이 난다. 장마가 끝이 나면 소낙비가 자주 내린다.

예전에는 소나기가 지나가면 어김없이 무지개가 피어올랐다. 하지만 지금은 무지개를 볼 수가 없다. 이것도 모두가 기온 탓이 아닐까? 그 옛날 소년 시절 아침 해가 뜰 때, 한낮, 오후 어느 때나 무지개가 피었는데 지금 생각하니 무지개만큼 아름다운 것이 없었다. 그 당시 어린 마음에 무지개가 피어오를 때는 무지개 속으로 뛰어 들어가 그 속에서 마음껏 뛰어놀고 싶을 때가 한두 번이 아니었다. 왜 무지개는 피어오를 때 저 멀리서 피어오를까? 내 앞에 가까운 곳에서 피어오르면 내가 뛰어가 무지개 속으로 들어갈 텐데 하는 생각뿐이었다. 하지만 기온 탓일까, 요즘은 어느 곳에서나 무지개가 피어오른다는 소리를 들어보지 못했다. 그 옛날에는 소나기가 지나가면 어김없이 무지개가 피어올랐었는데 요즘 아이들은 무지개를 보지 못했을 것이다.

 소나기가 내리지 않아도 아침에 망태를 짊어지고 소꼴을 베러 가 참으로 무지개를 많이도 보았는데 무지개를 볼 때면 왜 그리도 아름다운지. 어린 마음이어서인지 몰라도 그 무지개가 피어오르는 곳으로 가면 무지개가 나를 빨아들일 것 같았고 그 속에서 마음껏 뛰어놀고 싶었다. 지금 생각해 보면 동심이란 모습 그대로 참으로 아름다운 것이 아닐까. 그러던 내가 무지갯빛처럼 황혼의 길을 걷고 있다. 무지개처럼 아름다운 빛을 내면 얼마나 좋을까? 황혼의 길 무지개처럼.

싱그러운 여름

 이제 완연한 여름이다. 참으로 싱그러운 여름이다. 여름이면 가족들과 혹은 연인들과 계곡을 찾아 발을 담그고 어린 시절 물장구를 치듯이 물장구도 쳐 보고 싱싱한 과일을 시원한 계곡물에 담가 놓았다가 가족들과 함께 먹기도 한다. 그것 자체가 싱그러운 것이 아닌가. 밖에서 옹기종기 모여서 수다를 떨면서 먹는다는 것은 사계절 중에 여름뿐일 것이다. 누구나 1년 열두 달 살아가면서 여름이 제일 설레지 않을까. 물론 가을 단풍잎이 물들 때도 설레지만 그래도 여름만큼 못할 것이다.
 요즘은 새해가 되면 자신의 직장에 언제쯤 휴가가 시작

된다는 걸 알고 새해에 미리 해외여행 비행기 표를 예약하거나 국내 관광지에 숙박 예약을 한다니 참으로 세월은 변해도 많이도 변해 버렸다. 내가 직장 생활을 할 때만 해도 전혀 생각지도 못했었는데 또한 그때 그 시절이 몇 해 전 같은데 언제 그 많은 세월이 흘러 여기까지 와 버렸는지. 잔업을 조금이라도 더 하려고 철야는 기본적으로 한 달에 두 번 그 시간들이 순간 내 기억을 스쳐간다. 또한 내가 다니던 회사는 불가마가 있어 불을 끄지 못해 휴가라고는 없었다. 주간하고 일요일에 각 조가 번갈아 하루 여행을 가는 것이 전부였다. 하지만 지금은 어떠한가. 주 5일 근무에 보너스로 휴가비도 나오고 휴가도 9일 정도가 아닌가. 그러니 해외여행을 다녀와도 충분하다.

이제 다음 주부터 본격적으로 여름휴가가 시작된다. 나도 아직까지 마음만은 청춘인가 보다. 싱그러운 여름 눈앞에 있으니 나도 마음만은 떠나고 싶다. 하긴 마음뿐이지 이러한 몸으로 어딜 가겠는가. 싱그러운 여름이 되다 보니 나의 소년 시절 생각이 왜 이다지 날까.

지금 내 마음은 계곡에 가 있다. 여름이면 고향 앞바다를 찾기도 하고 조금 떨어진 강가를 날마다 찾아 친구들과 물장구를 치며 몇 시간을 놀다 돌아오곤 했는데 지금도 고향 동생들은 그 강을 찾아 물놀이를 하고 있겠지. 여름밤이면 모깃불을 피워 놓고 마당에 멍석을 펴 놓고 온 가족들이 둘러앉아 저녁을 먹고 수다를 떨다 보면 시간이 흘러 초저녁에 물동이에다 수박을 담가 놓았다가 모두 함께 수박을 먹으며 여름밤을 보내던 그때 그 시절이 무척이나 그립다.

 지금 사람들은 싱그러운 여름을 즐기기 위해 나처럼 마음이 설렐 것이다. 많은 직장인은 이 여름을 얼마나 기다렸을까. 이제 강으로 깊은 계곡으로 바다로 모든 곳이 많은 사람으로 북적일 것이다. 물놀이도 좋지만 올해만큼은 제발 인명피해는 없었으면 한다. 해마다 인명피해 뉴스를 들을 때마다 진하게 마음이 아파온다. 이제 장마는 끝이 났고 따가운 햇살에 물놀이하기 좋은 계절이다. 지금부터 이 싱그러운 여름에 모든 스트레스를 날려 보내고 새로운 마음으로 모두가 행복하길.

인생은 빈 그릇

 무더웠던 여름 더위는 한풀 꺾이고 이제 아침 저녁으로 신선한 바람이 불어온다. 한 계절 한 계절의 변화는 우리의 마음을 설레이기도 하고 행복한 마음을 안겨주기도 한다. 사계절이 뚜렷한 나라는 우리 대한민국뿐일 것이다. 물론 다른 나라도 있긴 하지만 우리나라처럼 뚜렷하지 않고 잠깐잠깐 스쳐 지나갈 뿐이다. 우리는 참으로 복 받은 국민이다.

 하지만 우리 국민들은 알까. 그저 더울 때는 덥다고 짜증을 내고 겨울엔 너무 추우면 춥다고 짜증을 내고 비가 안 오면 안 온다고 짜증을 내고 비가 많이 내리면 그만

내리라고 짜증을 내고 하지만 열대지방 같은 경우 몇 년 동안 비가 내리지 않아 아무런 농사를 지을 수가 없는 나라도 있고 하루에도 소나기가 몇 번씩 내리는 나라도 있다. 그 나라들을 보고 생각하면 그래도 짜증이 나올까. 우리 대한민국 국민들은 축복받은 나라요 축복받은 국민이 틀림이 없다.

우리의 인생은 한 번 태어나 백년이고 천년이고 사는 게 아니라 자신이 마음껏 활동할 수 있는 힘은 고작 80~90년이다. 백년을 살아본들 무슨 힘이 있고 무슨 보람이 있을까. 그저 죽지 못해 가쁜 숨만 쉴 뿐이다. 아무리 재물이 많다 해도 자신의 운명만큼은 어쩔 도리가 없다. 그렇게 산다 해도 과연 자식들이 좋아할까. 아픈 부모는 뒷전이고 상속을 조금이라도 더 받으려고 난리법석을 피울 것이다. 재물에 여유가 없어 불우한 사람들이 얼마나 많은가. 머리가 아무리 좋아도 대학 등록금이 없어 가지 못하고 그냥 평사원으로 직장생활을 할 뿐이다.

누구나 인생은 빈손으로 태어나 빈손으로 가는 법. 자신을 진정으로 뒤돌아본다면 인생은 빈 그릇이다. 왜 돈을 움켜쥐고만 있는가. 먹을 때는 먹고 쓸 때는 써야 하지 않을까. 자신이 죽으면서까지 남들에게 지독한 사람, 자신밖에 모르는 사람이라고 입방아에 오르면 편하게 눈을 감을까. 아마도 그 사람들 모두가 후회할 것이다.

  나는 시골 고향에서부터 현재 도시생활을 하면서까지 내 주변 사람들을 많이 보아왔다. 어느 사람은 자기 돈은 쓰지 않으려고 쥐도 새도 모르게 그 자리를 빠져나가 버린다. 그 사람이 결국 한참 때면 한참 때라고 볼 수 있는데 여러 합병증으로 갈 길을 가버렸다. 우리 모두 장례식장을 찾았지만 모두가 하나같이 입이라도 맞춘 듯이 모두가 그 소리다. 이제라도 남은 인생을 살아가면서 서로 돕고 자네 한잔, 나 한잔 하면서 너도 한번, 나도 한번 음식을 사면서 살아갔으면 좋겠다. 누구나 인생은 갈 때는 빈 그릇이니까.

장로님의 검정고무신

내가 다니던 교회 장로님은 6·25한국전쟁이 끝난 지 몇 해 되지 않아 친구들과 조금 먼 길을 가게 되었다고 한다. 그 당시에는 시내 도로 말고는 모두가 비포장도로였다. 검정 고무신 하면 지금도 농촌 사람들에게는 최고의 신발이다. 아무리 논밭에서 일을 해도 때가 타지 않고 물 한두 바가지 부어 발과 발끼리 신발을 신은 채로 비벼대 씻으면 끝이다. 거기다 한 켤레 사면 최소 3~4년은 신을 수 있으니 이 얼마나 고마운 신발인가. 하얀 신발은 하루만 신어도 비누칠해서 닦아야만 하지만 검정 고무신은 다 떨어질 때까지 신어도 딱히 닦을 필요가 없다. 내가 어렸을 때 검정 고무신이 나오기 전 밤색 고무신이 나왔는데 그 밤색고무신은 무지 조심히 걸어야 한다. 신발을 신고 미끄러지면 여지없이 찢어지고 만다. 고무신이 찢어져서 오면 어머니는 부엌으로 가서 부지깽이를 들고나와 나를 혼내셨다.

우리 장로님께서는 친구들과 비포장도로를 걸어가면서 배가 너무 고파 친구들끼리 검정 고무신을 한 짝씩 벗어서 엿장수에게 주고 엿과 바꿔 먹었단다. 신발 한 짝만 신고 걸어 봐야 뭘 하겠나 싶어 신은 신발까지 벗어 또다시 엿과 바꿔 먹으며 걸어 갔더니, 어린아이들이 비포장 길을 걸으면서 발바닥이 얼마나 아팠겠는지 생각만 해 봐도 얼굴이 찡그러진다. 얼마나 배가 고팠으면 신발을 벗어서 엿과 바꿔 먹었을까. 그렇다고 밥도 아니요, 빵도 아닌 엿은 먹을 때뿐이지 배도 부르지 않고 그러기에 철없는 아이들이 아니었을까. 어느 엄마가 그걸 보고 가만히 있었을까. 아마 장로님도 부지깽이로 많이 맞지 않았을까. 물론 친구들도 뻔한 일이 아닌가. 나도 지겹도록 신었었는데 지금은 검정 고무신이 추억이 되어버렸다.

검정 고무신은 뾰족 나온 나무 밑을 밟아도 찢어지지 않고 신발 밑창이 종잇장처럼 얇게 닳아도 찢어지는 법이 없다. 한 켤레 사 신으면 3~4년이니 그 얼마나 지겨운 신발이었는지. 그렇게 신다 보면 신발이 늘어날 대로 늘어나 발걸음을 뗄 때마다 뒤꿈치가 벗겨져 풀썩거린다. 내가 오죽하면 학교 담벼락에 양손에 끼우고 왔다 갔다 해도 전혀 닳은 흔적이 없어 신발 밑창을 낫으로 쪼아 버렸을까.

신발 밑창이 다 닳아 뾰족한 돌이라도 밟으면 정말 눈에서 불이 번쩍거린다. 그런데 장로님은 맨발로 걸었으니 그 얼마나 발바닥이 아팠을까.

웬 개구리

 한 보름쯤 되었을까? 난 내 귀를 의심했다. 시골 들녘도 아니고 여긴 아파트 단지인데 베란다에서 잠깐의 바람을 쐬고 방으로 들어와 버렸다. 그런데 어젯밤 비바람이 너무 세게 불어 베란다 창문을 닫으려고 베란다로 나갔을 때 나는 깜짝 놀라지 않을 수가 없었다. 그것은 보름 전에 들었던 바로 개구리 소리가 아닌가? 그것도 한두 마리 소리도 아니고 청개구리 소리도 아니고 그 옛날 내 고향에서 들었던 바로 논에서 살던 개구리 소리. 그렇게 많은 울음소리를 낼 때는 모를 심으려고 논갈이를 할 때 밤이 되면 그 넓은 들녘이 온통 개구리 소리였다. 그런데 아파트 단지 내에서 그 많은 소리가 날까? 나는 잠깐의 생각에 요즘 아무리 자연이 변한다지만 이것은 정말로 말이 안 되는 소리였다. 그러나 이것은 분명한 소리인데.

그 옛날 고향에서 농사지을 때가 되면 어젯밤 우리 아파트에서 울어대던 개구리처럼 그 많은 소리가 났었는데 우리 아파트 저 멀리 아주 작은 논이 있다. 하지만 고작 해 봐야 500평 정도 될까 말까 그 논은 내가 거주하는 아파트와 조금 멀다. 아무리 밤이라 하지만 그 먼 곳에서 우는 소리와 근처에서 나는 소리와는 확연히 다르다. 한참 동안 그 소리에 취해 잠깐이지만 그 옛날 고향 생각에 잠기고 말았다.

아무리 자연이 변해간다 하지만 행여 이러한 말을 다른 사람에게 하면 곧이들을까? 아니 곧이곧대로 듣지 않을 것이다. 들녘 복판에 아파트가 있는 것도 아니고 도심에서는 아무리 외곽 아파트라도 나 역시 내 귀로 듣고 의심할 정도였으니. 내가 여기서 1~2년 산 것도 아니고 벌써 13년째인 걸로 알고 있는데 분명한 것은 작년만 해도 개구리 소리를 듣지 못했다. 비가 오려면 청개구리 소리는 종종 들었다. 하지만 그것도 15층짜리 아파트가 10개 동이나 되는 아파트 단지가 아닌가? 참으로 흥미로운 일이다.

혹 우리 아파트가 예전에 논을 매립을 해서 아파트를 지었고 우리 아파트만 외곽에 떨어져 있기에 그러는 것이 아닐까. 어찌 되었든 신기한 일이 아닐 수가 없다. 이제 여름밤이면 베란다에서 고향을 그리며 개구리 소리에 취해 보련다.

수맥

 어제는 진영 도심을 뒤로하고 먼 길인 경북 상주를 다녀왔다. 우리 교회 원로 목사님께서 상주에 과수원 땅을 사서 가족 묘지로 허가받았는데 수맥 탐지 부탁을 받고 먼 상주까지 갔었다. 목사님 모친 묘지 쓸 자리엔 아주 큰 수맥이 흐르고 있었다. 그곳에서 약 25m 정도 더 들어가니 첫 번째 수맥보다 조금 작은 수맥이 또 있어 그곳들을 피해 위쪽으로 더 올라가 가족 묘지를 쓰게 했다.

 일반 주택을 지어도 수맥을 피해서 지어야 한다. 수맥 위에 집을 지어 수맥이 흐르는 자리에 침실을 만들면 잠을 자고 일어나면 아주 피곤하다. 신경이 예민한 사람은 곧 잠을 이루지 못한다. 동물 축사도 수맥이 흐르는 자리에 지으면 소나 말은 살이 찌지 않고 앙상하게 마른다.

예전 수맥에 대한 글을 쓴 적이 있다. 가정용 지하수 시추 공사를 하러 다녔던 적이 있던 난, 수맥을 찾는 법을 배웠다. 부적을 붙여 놓거나 돌부처 또는 목각으로 만든 동물 형상을 놓으면 괜찮다고 말하는 사람들이 있다. 그것으로는 자연의 흐름을 막을 수는 없다. 그런 것들로 땅속에 수맥을 차단하지 못한다. 땅속 깊은 수맥은 그 어떠한 것으로 막을 수가 없다.

수맥 탐지 막대를 들고 안내하는 사람의 손을 붙잡고 한참을 비탈진 산을 오르내리니 이마에서 땀이 흘러내렸다. 모처럼 집 밖으로 나와 가을바람을 쐬니 마음이 상쾌했다. 들에 추수를 기다리는 벼를 만져보니 옛 고향 생각이 절로 났다. 맑고 시원한 공기, 이런 한적한 곳에 전원주택을 지어 글을 쓴다면 참으로 행복하겠다는 생각이 들었다.

삶과 죽음

우리의 인생은 누구나 맨몸으로 세상에 태어나 엄마의 젖을 먹고 무럭무럭 자라 소년 시절을 보내고 청년 시절 결혼을 한다. 그때까지만 해도 삶과 죽음을 생각지 않는다. 그저 앞으로 앞날을 위해 내 가정을 위해 앞으로 태어날 자식을 위해 열심히 노력한다. 열심히 돈을 모아 남들보다 좋은 학교, 남들에게 뒤지지 않는 가정을 만들기 위해 두 부부가 열심히 노력한다. 그때까지만 해도 우리의 죽음을 전혀 생각지 않고 앞만 보고 열심히 노력할 뿐이다. 지금 생각해 보면 내 자신도 어느 누구와 마찬가지로 그렇게 살아왔다. 하지만 자식들을 모두 결혼시키고도 죽음과 삶을 생각해 보지 않았다. 아이들이 모두 결혼을 했으니 우리 두 부부만 남은 인생을 위해 이제는 마음의 여유를 가지고 살아가면 되지 하는 생각으로 살아왔었다. 그렇게 살다 보니 나도 모르게 세월이 흘러 어느덧 칠십을 넘어 팔십을 바라보며 걷고 있다. 이제야 나의 인생(삶과 죽음)이 내 머릿속을 스친다.

 삶과 죽음이란 젊고 늙고가 없다. 죽음이란 어느 누구고 정해져 있나 보다 하지만 나와 같은 나이가 들면 어느 누가 뭐라 해서가 아니라 저절로 생각이 들게 된다. 인간이 아닌 동물도 거북이 같은 경우 300년을 산다는데 거기에 비유하면 우리는 참으로 생명이 짧다. 고작 길어봐야 100세를 조금 넘길 뿐이다. 어찌 생각해 보면 너무 짧은 인생이 아닌가.

 성경을 보면 구약시대는 몇백 년을 살아간다. 심지어 백세가 넘는 나이에도 자식을 낳지 않았던가. 그때는 혹 질투나 욕심이 없어서 살았을까? 하지만 지금은 어떠한가. 젊고 늙고를 떠나서 삶을 마감하는 사람이 그 얼마나 많은가. 그 옛날에는 예순을 넘으면 장수했다고 환갑잔치를 했었다. 그래도 백 세를 넘긴 사람들이 얼마나 많았던가. 못 먹고 못 입어도 각자 사람마다 그 사람의 삶이란 정해져 있나 보다.

 자신이 아주 오래오래 살고파 좋은 영양제, 몸에 좋다는 것을 먹어 보지만 좋은 음식을 먹어도 좋은 영양제를 먹어도 그렇게 먹지 못한 사람보다 삶을 빨리 마감하는 사람들이 얼마나 많은가. 자신이 아무리 오래 살고 싶다고 해도 뜻대로 되지 않는 게 인생인가 보다.

여행

내가 마지막 여행을 한 지가 약 10년쯤 되었나 보다. 여행이란 어느 계절이고 먼 곳이든 가까운 곳이든 언제나 마음을 들뜨게 한다. 그 당시 4박 5일 일정으로 간 곳은 전남 영암 월출산이었다. 월남 쪽으로 갔으면 수월하게 올라갔을 텐데 영암 시내 쪽에서 올라가니 굉장히 가파르고 정상까지 오르는 데만 해도 4시간 이상이 걸렸다.

청년 시절 친구들과 월출산을 가 본 적이 있다. 그 당시에는 친구 한 명이 그 지역을 잘 알아 반대편인 월남 쪽에서 올라가니 아주 평지나 다름없이 올라갔었는데 영암 시내 쪽에서 올라가니 그렇게 가파를 줄이야. 누구나 시내 쪽에서 바라보면 넉넉잡아도 1시간 30분이면 충분히 오를 만큼 낮게 보인다. 월출산을 오를 때는 누구나 마음을 단단히 하고 올라야 한다. 내 아래 동생도 회사 동료들과 월출산으로 산행을 했단다. 모두가 단 한 번도 가 본 적이 없는 사람들이라 산 아래에서 보기에 정상이 두 시간이면 충분히 정상까지 다녀올 것 같아 모두가 배낭을 관광차에 두고 올라보니 밑에서 보는 것과 생각지도 못할 만큼 어려운 산이라 큰 고생을 했단다.

월출산 정상에 올라가면 아주 큰 바위에 장기판이 새겨져 있다. 언제 새겨 놓았는지는 누구도 모른단다. 얼마나 오래되었는지 바위에 꽃이 피어있다. 어느 곳을 여행하더라도 그 지역을 잘 알고 가야지 안 그러면 나와 같이 큰 고생을 한다. 아무튼, 정상에까지 올라갔다 내려오니 해가 서산에 넘어가고 있었다.

그곳에서 저녁을 간단히 먹고 다음 예정지인 진도행을 타고 진도 다리를 건너자마자 내렸다. 그곳에서 숙소를 정하고 아침 일찍 일어나 다리 밑을 찾으니 울돌목을 굽이치며 흐르는 물소리가 요동을 치며 흐르고 있었다. 내가 세상에 태어나 그 정도로 소름 끼칠 정도의 소리는 들어 본 적이 없다.

그때 그 생각을 하면 지금도 내 귓전에 들리는 것만 같다. 나뿐만 아니라 진도 우수영을 다녀온 사람들은 모두가 기억하지 않을까. 아마 세계 어느 곳을 가 보아도 진도 우수영 같은 곳은 단 한 곳도 없을 것이다. 아마 그래서 이순신 장군께서 일본 배들을 유인해서 그 많은 배를 수장 시켰나 보다. 누구나 그곳 다리 밑을 보면 물이 빙빙 돌면서 생기는 그 물소리가 그렇게도 크게 느껴질까. 내 눈으로 보고 나니 이순신 장군의 그 역사가 살아 숨 쉬는 것만 같았다. 그곳을 뒤로 진도 시내로 들어가 곳곳의 관광지를 들러보는데 문이 닫힌 곳이 많았다. 알고 보니 월요일은 어느 곳이나 쉬는 날이란다. 그 말을 듣는 순간 그렇게 허탈감이 밀려올 줄이야.

 우리는 진도를 뒤로하고 해남 땅끝마을로 가 이곳저곳을 구경했다. 그곳을 가니 할머니와 개 한 마리 동상이 있었다. 그곳은 백중사리 바닷물이 갈라지는 곳이란다. 그곳은 우리가 해마다 텔레비전을 통하여 몇 번이고 보았다. 그때가 되면 전국 각지에서 수많은 관광객이 모여 많은 조개잡이 체험을 한다. 우리는 또다시 해남 땅끝을 뒤로하고 여수로 향했다.

 여수 오동동의 이곳저곳을 둘러보다 해안가 절벽 밑을

보니 깊은 굴이 있었다. 그곳은 일본군들이 포를 쏘기 위해 파 놓았다고 했다. 그것으로 나의 여행은 마지막이 되어버렸다. 지금까지도 제일로 잊히지 않는 것이 진도 우수영이다. 여행은 언제나 즐겁다.

나는 어디로

　오늘도 계절은 변함없이 흘러만 간다. 하지만 내 발걸음은 점점 무거워져만 간다. 인생이란 누구나 빈손으로 태어나 빈손으로 가지만 젊었을 때는 가정을 위해 누구나 열심히 일들 한다. 하지만 지금 나처럼 70이라는 나이가 들면 온갖 생각이 스쳐 지나가게 될 것이다. 나처럼 무얼 할 수도 없고 지금 나는 어디로 가고 있나 하는 생각에 그저 때로는 허탈감에 빠지기도 하고 자신이 지금 뭘 하나 할 수 없다는 생각에 더욱더 무기력해지기 마련이다. 일자리를 찾아보아도 일할 만한 것은 경비, 여자들은 아파트 청소 아니면 공공근로 일자리 뿐이니 무기력해질 수밖에 없다. 나도 내가 지금 어디로 가고 있는가 하는 생각이 들 때가 많다. 하지만 그 끝이 어디인지 모르겠다.

특히 나는 시각장애를 가지고 있지 않는가. 아직까지 친구들은 경비 또는 공공근로 일자리 일을 하고 있는데 그 친구들을 생각할 때면 참으로 부럽다. 그들은 자신들이 병석에 눕지 않는 이상 앞날은 보장되어 있지만 나는 다음 4월부터 강의가 잡혀있어도 그 일은 일주일에 아니 한 달에 몇 번이나 나갈지 기약이 없다. 횟수가 많으면 좋겠지만 일 년에 한두 번이 될 수도 있다. 그러기에 더욱더 무기력해진다. 생각해 보면 인생이란 누구나 죽을 때까지 근심 걱정 속에서 살아가나 보다.

이 나이가 되면 죽는 날까지 큰 지병에 걸리지 않고 잠자는 듯이 죽었으면 하는 생각들을 가지고 있을 것이다. 제일 두려운 것은 뇌졸중, 치매가 두렵고 무섭다. 뇌졸중이나 치매는 빨리 죽지도 않고 가족들을 근심 걱정 속에서 살아가게 한다.

여수에 사는 사촌누나도 뇌졸중으로 쓰러져 현재 요양병원에서 말도 하지 못한 채 십여 년째 누워 있다. 한 걸음씩 걷기라도 하면 좋으련만 혼자서 일어나지도 못하고 식사할 때는 요양사들이 일으켜서 한 숟가락씩 떠먹여야만 하니 환자도 가족도 요양사들도 모두가 고생이다. 그러니 환자는 말도 못하고 누워서 정신적으로 더 큰 고통에 잠기지 않을까. 그렇기에 병세가 호전되지 않고 더 악화가 될지도 모르는 일이다. 이러한 것 때문에 나이 든 사람들은 근심 걱정 속에서 살아간다. 물론 그렇게 병석에 누워 있기를 바라는 사람은 단 한 사람도 없을 것이다. 하지만 누구나 사람의 앞날은 모르지 않는가. 그저 자신이 언제 어느 때 여기까지 와 버렸나 하는 생각뿐일 것이다. 그러나 어쩌랴 인생이란 바람처럼 구름처럼 흘러가기 마련인 걸. 그러기에 이제는 두려움도 근심 걱정도 하지 않으려 하지만 사람인지라 내 생각대로 되질 않는다.

지금 내 인생은 어디로 흘러가고 있을까. 어디쯤 걸어가야만이 내 인생은 멈출 수가 있을까. 아마도 지금처럼 바람 따라 구름 따라 흘러온 것처럼 가다 보면 멈출 날이 오지 않을까.

모정

사람은 감정의 동물이 맞나 보다. 조금만 잘해 주면 하하 호호거리고 조금만 자기의 비위가 틀리면 이러쿵저러쿵 참으로 잘 삐치고 좋네 나쁘네 그런다. 나도 사람이지만 사람과 사람끼리 비위 맞추기란 참으로 어렵다는 말이 맞는 것 같다.

내가 장애인이라서 참으로 많은 걸 생각하지만 자식이란 생각을 다른 비장애인보다 더 많이 하게 된다. 나도 아빠라는 역할이 있지만 남자들은 엄마들보다 자식들에게 정이 그리 깊지가 않다. 장애아를 둔 엄마의 정은 이루 말할 수 없이 깊다. 물론 모정이 다 그런 것은 아니다. 그중의 몇몇 사람들은 자기의 아이가 장애인이라는 것을 아주 부끄럽게 생각하고 아이의 바깥출입을 절대적으로 금하는가 하면 다른 사람들이 자신의 집에 오는 걸 아주 꺼려하기도 하고 아이에게 대수롭지 않게 욕설을 하고 사람답게 못 살아갈 바에 빨리 죽기를 기다리며 집에 방치하거나 손발 머리까지 꼼짝 못하게 하는 부모도 있다.

나이가 많고 적든 아주 갓난아이 다루듯 한다. 낮에 고단하게 일을 하고 왔으면 피곤해서 잠에 곯아떨어질 법도 한데 저녁이면 가족을 위해 밥과 반찬을 해야 하고 빨래 청소, 자신의 몸을 먼저 씻기보다는 장애를 가진 자식부터 씻기고 나서 자신도 씻는다. 가족의 밥상을 손수 차려주고 아이의 밥을 손수 먹이고 나서 눕혀 놓고 자신은 그제야 밥을 먹고 모든 설거지를 해야 하고 잘 때도 아기 같은 장애 아이 옆에 누워 기저귀를 갈아주면 다시 잠에 든다. 또다시 일어나 장애 아이를 이리저리 움직여줘야만 몸에 등창이 생기지 않기에 하루 이틀도 아니고 수년간을 돌봐야 한다. 그래도 모정이기에 행여 어디가 아프지나 않을까 이곳저곳을 매만지며 자신이 나이가 들어감에도 늘 돌본다.

다른 장애를 가진 아이는 충분히 밖에 나가 활동을 할

수가 있음에도 장애 아이를 두었다는 말을 들을까 봐 절대로 밖에 나오지 못하게 하는 부모가 있다. 그것은 아주 큰 잘못이다. 평생을 그 자식이 자신보다 먼저 죽지 않는다는 생각을 해야 한다. 자신이 먼저 죽을 것이 뻔한 일인데 자신이 먼저 죽고 나면 밖을 나와 보지 못한 그 자식은 세상 사람들과 소통할 줄 모른 채 살아갈 것이다. 아이를 생각한다면 밖으로 내보내야 한다. 그래야만 혼자서도 살아갈 수가 있다. 나도 젖 먹을 때 열병으로 시력을 많이 잃었지만, 아버지께서 무슨 일이든지 배워야 언제 어디서 써먹을 수 있으니 뭐든지 가르쳐 주셨다. 자식이 중증으로 몸을 움직이지 못하는데도 엄마라는 모정으로 자신은 뒷전이고 그 자식에게 먼저 그러한 걸 보면 모정은 참으로 깊고도 깊다.

자식은 몰라

나는 어느 택시 기사의 이야기를 듣고 나도 모르게 눈물을 훔친 적이 있다.

택시 기사는 2시간 교대 시간을 남겨 놓고 콜을 받아 그곳으로 가 클랙슨을 두 번이나 눌렸는데도 아무런 대답이 없어 한 콜이라도 더 받으려고 그냥 갈까 하다가 운전석에서 내려 집으로 들어가 노크를 하면서 방문을 열자 사람이 살지 않는 집처럼 텅 비어 있고 여행용 가방 하나와 구십을 넘긴 할머니 혼자 계셨다고 한다. 할머니께선 기사 양반 조금만 기다려줘요 하더니 방안을 한 번 더 돌아보고 이제 갑시다 하셨고 몸도 제대로 가누지 못하는 할머니를 부축해 택시에 태운 다음 여행용 가방을 가져와 뒤에 싣고 할머니 어디로 모실까요 하자 할머니는 어느 요양원으로 가자고 했다고 했다. 그러면서 며칠 전 병원에 가서 검진을 받으니 얼마 살지 못할 거라고 해 요양원으로 들어가려고 가는 길이라고 하셨다. 기사 아저씨는 갑자기 눈물이 왈칵 쏟아지려고 해 겨우 참고 할머니 어디 가시고 싶은 곳이 없느냐고 묻자 자기 남편이 있는 납골당과 예전에 남편과 함께 살았던 집을 말씀하셔서 그곳을 둘러보고 요양원으로 가는 길에 여기저기 구경을 시켜드리고 요양원 앞에 차를 세우니 두 분의 간호사가 나와 부축을 하더라는 것이다. 할머니께서 요금을 주시기에 기사님이 "아니에요. 오늘 할머니께 봉사해 드리는 걸로 할게요"라고 말하자 할머니는 "기사 양반 말은 참으로 고맙고 감사하지만 그래도 집에 가면 기다리는 식구들이 있을 텐데 가져가"라며 돈을 쥐어 주셨다는 것이다. 기사님은 할머니를 꼭 한번 껴안고 곧 터질듯한 눈물을 삼키며 돌아섰다고 했다.

사실상 그 연세에 요양원을 찾는다는 것은 인생의 삶 속에서 마지막으로 들르는 곳이 아닌가. 나이 들어 그곳을 찾아가면 다시는 살아서 나오는 사람은 없다. 그곳은 우리 인생의 마지막 머무는 곳이라고나 할까. 어찌 그 할머니라고 그걸 모르고 그곳으로 가겠는가? 분명히 그 할머니한테도 자식들이 있을 텐데 행여 자식들에게 근심 걱정 끼치지 않으려 말없이 혼자서 살짝 들어가시는 것이다.

  사람은 한평생을 살아가면서 자식을 위해 나이를 먹고 또 먹고 노년이 되어도 그저 자식들 걱정뿐이다. 자식들이 제아무리 많아도 부모는 모두 먹이고 가르쳐 결혼을 시키고 나이가 들어도 부모란 그저 이 자식 저 자식 거기서도 조금이라도 못 살면 천날만날 자식 걱정에 밤을 지새운다. 하지만 자식들은 열 명이 있어도 어느 자식도 부모를 모시려 하지 않고 전화도 없고 자기 자식들이 조금이라도 아프면 호들갑을 떨지만 자식들도 부모처럼 나이가 들면 그 자식들도 자기처럼 외면할 것이다. 자식은 그제서야 자기 부모를 생각하며 후회를 해 보지만 때는 이미 늦어 이 세상에 없는 걸 어찌하리. 이 세상에 부모와 자식들의 사이는 모두가 그러한가 보다. 정신을 차려 부모님을 챙기려면 이미 이 세상 사람이 아닌 것을 나이 들어서는 자식이 주는 조그마한 선물 하나에도 큰 감동을 받는 것이 이 세상의 부모이다.

부모와 자식

 이 글을 쓰면서도 매우 조심스럽고 부모들도 그리 좋은 생각은 들지 않을 것이다. 하지만 자식의 앞날을 위한 사람들은 이 글을 읽지 않아도 이미 지성으로 가정교육을 잘했을 것이라 믿는다. 수필을 쓰는 사람들은 자연과 소통하며 자신이 실천하면서 자연을 사랑하며 경험담과 자연의 흐름을 쓰는 것이 보편적이다. 하지만 난 지금 자연을 뛰어넘어 정반대의 글을 써 보려고 한다. 그리고 이 글을 쓰기 위해 많은 생각과 걸맞은 글을 부족하나마 써 보려고 한다.
 나는 시력을 잃은 시각장애인이다. 늘 집에서 하루를 보내다시피 한다. 그러다 보니 자연스럽게 텔레비전을 늘 가까이하며 하루종일 뉴스를 또 듣고 또 듣게 된다. 옛날 50~60년대 때 어머니들은 시대가 시대인 만큼 아이가 생기면 생기는 대로 낳을 수밖에 없었다. 그래서 그 당시에는 자식들이 많았다. 우리 남매도 4남 2녀다. 그중에 둘째이고 우리 부모님은 젊은 나이에 모두 하늘나라로 가셨지만, 자식들 인성 교육만큼은 엄하셨다. 그 당시 우리 부모님뿐만 아니라 모든 부모들은 그리 가르치셨고 또한 형제들이 많으니 누가 가르치지 않아도 형제들끼리 자연스럽게 양보심을 배우며 자랐다. 어느 자식이 부모님께 대들고 선생님께 대들까. 상상조차도 해 보지 못했다. 숙제를 안 해 오면 종아리는 물론이요, 손바닥을 눈에서 불이 날 정도로 맞아도 어느 누가 부모님께 말할까. 만약 했다가는 부모님께 또 맞을 게 뻔한 일인데. 하지만 요즘 초등학생은 물론이고 중고등학생들까지 선생님을 희롱하는 것은 물론이고 선생님 거기서 더 나아가 교감 교장선생님을 폭행하는 일이 빈번히 일어나게 되었다.

아무리 세상이 변했다고는 하지만 학생이 선생님을 구타하다니 거기서 더 나아가 부모님들은 학교에 찾아와 선생님께 자식 가정교육을 잘 못해서 죄송하다고 사과를 드

려도 시원찮을 판국에 한술 더 떠 마구잡이로 담임선생님을 학생들이 보는 앞에 이렇다 저렇다 말도 없이 폭행을 하기도 한다. 그리고 막무가내로 교육청에 전화를 해 선생님을 해임시키라고 한다. 이 말을 옛날 케케묵은 소리라 할지 몰라도 '자식이 귀할수록 회초리를 들라'고 하셨다. 맞는 말이지 않는가.

요즘은 자식이 하나 아니면 둘이다. 그러기에 어려서부터 잘못하는 것은 분명히 가르쳐야 하는데 그냥 놔둬 버리고 사 달라 하는 것은 모두 사 주다 보니 자기밖에 모르게 된다. 그러니 성인이 되어서도 자기 마음대로라는 것이다. 어려서부터 옳은 것을 옳다고 하고 아닌 것은 절대로 아니다라고 가르쳐야 할 것이다.

행여 이 글을 읽는 분은 오해가 없으시기를 바랍니다.

생각

사람이 인생을 살아가면서 좋은 생각 고운 말들만 하며 살아가야 하는데 살다 보니 그렇게 되기까지는 자신도 모르게 힘이 든다. 설령 상대방과 언짢은 일로 얼굴을 붉히고 자신도 모르게 나쁜 말이 나오고 욕설이 나오고 사람은 고운 말만 하고 살아가기에는 무척 힘이 드나 보다.

우리가 인생을 살아가면서 스트레스 받는 일이 어제 오늘 일인가? 날이면 날마다 스트레스를 받는다. 그러니 좋은 말만 하기가 어디 수월한 일인가. 그러한 스트레스를 술로 푸는 사람, 말로 푸는 사람 또는 일면식도 없는 사람에게 시비를 걸어 욕설을 하면서 몸싸움하는 사람, 집에 들어와 괜히 아내에게 또는 자식들에게 잔소리로 푸는 사람, 사람마다 성격에 따라 제각각이다. 글을 쓰는 나도 좋은 생각 좋은 말만 하려고 해도 그게 무척이나 잘 되지 않는다.

우리가 생각하기에는 수월한데 실천에 옮기면 생각했던 것과 달리 정반대로 간다. 그리해 놓고 나중에는 후회를 한다. 내가 그 당시 조금만 참았으면 그러한 불상사가 일어나지 않았을 텐데 하고 다음부터는 어떠한 일이 있더라도 참는 데까지 참아보자 생각을 하지만 그러한 일이 또다시 벌어지면 속으로 참자, 조금만 더 참자 주문을 외우지만 그렇게 가만히 있으면 상대방은 자신이 기세를 잡았다는 듯이 더 요란하다. 참다 참다 결국은 꼭지가 돌고 만다. 그때부터는 자신이 어떤 말을 하는지도 모르게 막 튀어나온다. 요즘 시대가 그러한지 상대방이 조용히 있으면 자신이 기세를 잡기나 하는 듯이 막무가내로 고함을 지르니 어느 누가 참고만 있을까. 처음에는 좋은 말로 해 보지만 그게 생각대로 잘 되지 않는다. 아마도 이것이 사람의 본능이 아닐까 생각을 해 본다.

모든 사람들이 스트레스를 받지 않고 좋은 말 좋은 생각을 지키고 살아간다면 우리의 생명도 현재보다 더 길어지지 않을까. 사람이 좋은 생각, 좋은 말만 하고 살아가는데 왜 생명력이 길어지지 않으랴. 옛말에 웃는 사람 얼굴에 침을 뱉을 수 없다는 말이 있듯이 고운 말만 하는데 어느 누가 시비를 걸까. 하지만 현실 속에서 그렇게 살아가지 못한다. 그렇게 살아가면 상대방이 바보 취급해 버린다. 고운 말 좋은 생각만 하고 살아갈 수 없을까.

자연의 소리

 자연의 소리를 들어 보았는가? 자연에 관심 있는 사람은 사계절의 소리를 모두 듣는다. 하지만 관심이 없는 사람은 봄, 여름, 가을, 겨울 모두가 오고 가도 왔다가 지나갔구나 그냥 오면 오는 대로 가면 가는 대로 사는 사람들이 흔하다. 하지만 사계절에 관심을 가지고 있는 사람들은 그 계절에 따라 미리미리 대비를 한다. 그러면서 그 계절에 맞춰 그 소리를 듣는다. 계절에 무슨 소리가 있나 할지 모르지만 그때그때 들리는 소리가 있다. 계절이 변하려면 햇살이 다를 것이고 바람 소리가 다르다.

 봄이 오려면 솔, 솔 불어오는 바람에 향기, 새싹이 돋아

나는 향기, 쑥의 향기, 아 벌써 봄이 오는구나 생각할 때 매화꽃향기가 불어오면 이제 봄이 머지않았다는 걸 몸소 느낄 수가 있다. 그리고 벚꽃이 활짝 피고 그때부터 많은 사람의 봄나들이가 시작된다. 그러다 보면 자신도 모르게 햇살이 따갑기 시작한다. 그때는 이미 여름이 시작된다는 것이다.

여름 바람은 훅, 훅 불어온다. 그러면 일하다 말고 제발 이러한 바람이 계속 좀 불어 줬으면 한다. 여름 더위와 싸우다 보면 자신도 모르게 아침저녁으로 쌀쌀한 바람이 불어온다. 반팔에서 긴 소매로 그때는 이미 가을이 왔다는 것이다. 가을바람을 계속 쐬다 보면 자신의 어깨에 닭살이 돋는다. 그때는 이미 머지않아 겨울이라는 강추위가 몰려온다는 것이다. 그렇게 있다 보면 긴팔 옷도 추워 초겨울 옷을 꺼내 입는다. 그때는 이미 겨울이 찾아와 있다는 것이다. 겨울바람은 어떻게 부는가? 휑~휑 바람 소리만 들어도 겨울이라는 걸 실감할 수 있게 불어온다.

계절마다 느끼는 사람들이 얼마나 될까. 아마도 사계절에 관심이 있는 사람들은 모두가 알 것이다. 하지만 관심이 없는 사람들은 아이고 더워 벌써 여름인가. 좀 추우면 어느새 겨울이 온 건가로 끝이 난다. 하지만 사계절에 자연을 사랑하는 사람은 그때그때 계절에 따라 바람 소리를 듣고 다 안다. 정말이지 자연은 무엇 하고도 바꿀 수 없는 것이다.

  하지만 현재 우리나라도 사계절에서 열대로 바뀌어 가고 있다. 한 번 파괴된 자연은 다시 되돌릴 수가 없다. 세계 어느 곳이나 자연을 우습게 생각하는데 자연이 바뀌면 모든 것이 사람에게 온다는 걸 왜 모를까. 이것쯤이야 하고 아주 독한 쓰레기를 태우는데 자신의 후세를 생각해서는 절대로 안 되는 것이다. 자연의 소리를 듣는다면.

젊음은 짧고 노년은 길다

 우리가 태어나면 엄마의 젖가슴에 얼굴을 묻고 그러다 아장아장 걸으면 귀여움만 받다가 학교를 마치고 군 복무, 그리고 나면 서른의 나이가 코앞에 와 있다. 그렇게 직장을 다니다 보면 어느덧 젊은 시절은 자신도 모르게 흘러가 버린다. 그제야 허리를 펴고 지난날들을 되돌아보면 세월은 자신도 모르게 여기까지 와 버렸나 생각이 든다. 젊음이 좋지만 하루의 태양이 서산에 지듯이 그렇게 빨리 가 버린다. 노년이란 꼬리표를 달고나면 젊은 시절처럼 불끈불끈 힘을 쓸 수도 없고 소소한 일이나 쉬엄쉬엄하면서 노년의 세월을 보내야 하지 않을까. 그리고 보면 우리 사람의 생명이 제일 짧지 않을까 하는 생각이 든다.

 요즘 젊은 사람은 자신이 언제까지나 청춘 속에서 살 것처럼 노약자들을 무시해 버린다. 시내버스나 지하철을 타도 노약자에게 양보심이라고는 전혀 찾아볼 수가 없다. 그런가 하면 힘없는 노약자에게 폭언을 하는 것은 예사로 볼 수가 있다. 자신이 언제까지 젊은 속에서 살아갈 것이라고 착각 속에서 산다. 노년의 세월은 길다면 길고 짧다면 짧다. 하지만 젊은 세월보다는 길다. 이때부터 인생의 참맛을 느낀다. 젊은 시절에는 젊은 기분대로 놀고 먹고 하지만 그 시간은 잠시 잠깐이다. 모든 젊은이여 잠시 왔다가 잠시 가 버리는 것이 인생이다.

 노년의 시절로 들어서면 왠지 외롭기가 짝이 없다. 가을에 단풍이 곱게 물들었다가 하나둘씩 떨어져 바람결에 이리저리 휘날리는 낙엽과 마찬가지다. 언제 어느 때 저 하늘의 별이 될지 모르는 노년의 인생. 젊어서는 결혼해 자식 가르치고 결혼시키고 나면 자신도 모르게 노년의 길을 걷고 있을 것이다. 그러기에 젊음은 짧고 노년은 길다. 인생을 살다 보니 노년의 길도 그런대로 재미가 있다. 누구나 노년의 길을 간다고 허무한 인생이라고 생각하지 마라. 내가 살아보니 그런대로 재미가 있더라. 이 길을 걷기 위해서 젊은 시절을 열심히 살았나 보다.

 영원히 치매라는 병만 걸리지 않는다면 이보다 더 행복이 있을까. 돈 벼락을 주라는 것도 아니고 모든 욕심도 내려놓고 그저 딱 한 가지만 걸리지 않고 여기저기 구경하면서 노년의 길을 간다면 행복 중에 이보다 더한 노년의 행복이 있을까. 이제 모든 걸 내려놓으니 몸도 마음도 아주 편안하다. 내 인생 여기까지 걸어오면서 행복이란 몰랐는데 노년이 되다 보니 참으로 편한 길을 걷고 있다. 황혼의 길에서.

3

가을의 허수아비

들녘 길

 가을바람이 불어오니 시골 풍경이 그리워 나는 무작정 시골로 가는 버스를 탔다. 버스는 어느덧 도시를 빠져나와 시골 풍경으로 내 마음을 행복하게 해준다. 달리는 버스 안에서 이런저런 생각이 주마등처럼 스쳐간다. 왠지 도시란 참으로 답답하다. 이렇게 시골 풍경을 보니 나도 모르게 그동안 무척이나 답답했던 마음이 확 뚫린 기분이다.
 농촌의 들녘은 여기저기서 벼를 수확하느라 사람들과 콤바인이 매우 분주히 움직인다. 이번 여행은 며칠이 걸릴지는 몰라도 내 마음껏 여행을 즐겨보고 싶다. 나는 그렇게 시골 들녘을 걸으니 왜 그리 행복한지? 그만큼 도시

생활에 답답하고 지쳤다고나 할까? 요즘은 농촌에는 젊은 사람이 없어 모두가 나이가 많은 노인뿐이다. 아마도 내가 지금 농촌에 산다면 내 나이가 젊은 층에 속할 것이다.

  시골길을 걸으니 그 옛날 고향 생각이 난다. 이맘때쯤이면 서로가 품앗이를 하면서 벼를 베어서 벼가 마르면 한 묶음씩 묶어서 열 묶음으로 남자들은 지게로 져 날라 집 마당에 둥글게 쌓아 올리고 아낙네들은 홀태로 일일이 훑었다. 그때는 몸은 고단해도 지금 생각해 보면 참으로 농촌에 정겨움이라 할까. 무척이나 재미가 있었나 보다. 하지만 지금에 와서 농촌에는 아이들 소리가 그친 지 아주 오래다.

  이렇게 배낭 하나 짊어지고 농촌 길을 걸으니 왜 이리도 행복할까? 이것이 마음의 여유일까? 그러다 보니 내 고향이 너무너무 그리워진다. 길을 걸으며 그리운 내 고향 생각에 잠겨 있을 때 고향 친구한테서 전화가 걸려왔다. 참으로 오랜만에 전화기 속에 들려오는 고향 친구는 더 늦기 전에 빨리 한번 내려오라는 것이다. 오늘은 일을 안 하느냐고 했더니 비가 내려 못한다고 했다. 내가 만일 고향으로 갔다면 친구와 오늘 같은 날 술 한잔 마시며 우리의 그 옛날 향수에 젖어 술잔을 비우지 않을까 하는 생각이 든다.

 이제 내 남은 인생이 그 얼마가 남겨져 있을지 모르는 내 인생길, 이렇게 농촌 들녘을 한 번씩 다녀야겠다는 생각이 든다. 오늘도 나는 농촌 이곳저곳을 걸어본다.

메밀꽃 필 때면

메밀꽃이 필 때면 가을 추수 준비가 서서히 들어가기 시작한다. 내가 고향에서 농사를 지을 때면 목화솜을 따고 깨도 베어 다발로 묶어 삼각형으로 세워 말렸다. 요즘은 봄에 깨를 심지만 그 당시에는 보리를 모두 베어내고 깨, 콩, 조, 수수, 목화, 메밀을 가을에 수확할 것은 모두 파종을 했다.

우리 밭은 전부 천 평 정도 되었다. 그때는 밭에서 하루 종일 일하는 아버지가 드실 고두밥을 쪄서 막걸리를 담갔다. 그리고 메밀꽃이 피면 제일 먼저 목화 수확. 겨울에 메밀묵을 쑤어 먹기 위해서 목화가 아니면 이불 실을 뽑아 베틀에서 베를 짜서 무명옷을 해 입는다. 밭이 있는 집에서는 밤새 물레를 돌리는 소리, 베를 짜는 소리가 끊이지 않는다. 베를 다 짜고 나면 베에 풀을 먹여 낮에 말렸다가 밤이 되면 다듬이 위에 놓고 방망이로 두드린다. 방망이질을 해도 마구잡이로 두드리는 게 아니다.

밤에 방에서 강의록을 보며 공부를 하다 보면 옆집에서는 물레 돌리는 소리, 베틀 소리, 다듬이 소리 또 두 사람의 다듬이질 소리, 여러 가지 소리가 참으로 정겨웠다. 그중 정겨운 소리는 다듬이 소리. 몇 분의 몇 박자처럼 양손으로 두드리다 어쩔 땐 한쪽 손으로 두드리기도 하고 고요한 밤에 적막을 깨운다. 그렇게 밤을 지새우다시피 하고 낮에는 밭으로 논으로 일을 하러 간다. 메밀꽃이 지고 얼마 지나지 않으면 메밀과 조를 베어 밭에서 조만 가마니에 담아서 집으로 가져온다.

메밀은 다른 곡식과 달리 곧바로 베어서 아주 크게 둥글게 한 묶음으로 묶어 집으로 가져와 다른 곡식을 다 정리한 다음 마당에 펼쳐 놓고 하루쯤 햇볕에 말려 도리깨질을 한다. 가을 수확을 마치면 보리갈이로 가을 모든 일은 끝이 난다. 농촌 생활이란 끝이 없다.

그 시절엔 메밀 새순이 어느 정도 자라면 많이 나는 곳은 솎아낸 메밀은 나물로 그냥 된장에 먹으면 참으로 맛이 일품이었는데 이제는 먹고 싶어도 먹을 수가 없다. 언제나 메밀꽃이 필 때면 가을 곡식을 거두어들일 준비를 했다. 가고 싶고, 보고 싶은 내 고향이 너무나도 그립다.

깊어진 가을

 계절이 오고 가면 가는 세월은 또다시 1년을 기다려야 하기에 서운함이 들고 찾아오는 계절은 싱그러움을 안겨 준다. 이제 2024년도 11월에 들어서 아주 깊어가는 가을 속에 들어와 있다. 이제는 하늘도 땅도 붉게 물들어 머지 않아 이 아름다운 가을에 붉은빛이 곧 사라질 것이다. 이 아름다운 계절이 11월 20일 정도 되면 자취를 감추지 않을까. 사람들은 서운함을 뒤로하고 또다시 내년 가을을 기약하며 아쉬운 이 가을을 기다리겠지. 사람이란 어느 누구나 아쉬움이 있으면 그 뒤에는 또다시 기쁨이 있기에 기다릴 줄 안다. 그와 마찬가지로 계절이나 사람이나 헤어지면 서운함이 있지만 또 다시 만나면 왜 그리 반가운지, 이것이 인간의 본능인가 보다.

이 가을이 가면 아름답게 물들었던 단풍잎은 하나둘씩 떨어지며 머지않아 앙상한 나무만이 홀로 서 있을 것이다. 앙상한 나무를 바라볼 때면 내 마음은 왜 그리 찡한지 친하게 지내던 이웃이 이사 가는 것처럼 마음이 허전해진다. 이제는 그러한 마음이 들지 않아도 될 텐데 내 마음은 젊은 시절이나 나이가 드나 똑같다.

며칠 전 머리가 너무 희고 얼굴에는 주름살이 너무 많다는 소리에 조금은 놀랐다고 말해야 하나 서운하다고 해야 하나. 나는 거울을 본 지가 아주 오래된 것 같다. 오래전에 눈이 조금 보일 때 내 얼굴을 보았으나 시력을 잃은 후 내 모습이 어찌 변했는지 모른다. 지금까지 예전에 보았던 그 모습만 생각에 잠겨 있었는데 지금 현실적으로 노인이 되었다니 참으로 허전했다.

그래 해가 바뀌어도 여러 회가 바뀌고 이렇게 올가을도 깊어만 가는데 어찌 나라고 가만히 있을까? 이것이 바로 식물이나 사람이나 자연의 현상인데 나는 그동안 착각에 빠져 살아왔나 보다. 자연의 현상은 어느 누구도 잡을 수가 없고 막을 수도 없는 것인 걸. 어느 누구에게도 원망할 수 없는 것이 자연인 것을.

이제 머지않아 추운 겨울이 다가올 텐데 나와 같은 나이 많은 사람들은 특히 감기를 조심해야 할 것 같다. 나이 들어서 병원 신세 지면 생명을 몇 년은 더 단축해 버리기에 항상 몸조심을 해야 할 것이다. 이제 내년 3월이 오기만을 기다려야 하지 않을까. 알고 보면 무서운 게 계절이 아닐까?

낚시

 도심 속을 살아가다 한번씩 느끼게 되는 들판의 공기, 숲의 공기, 바다 공기 중 나는 바다 공기가 최고인 것 같다. 며칠 전 울산 태화강을 다녀왔는데 그곳의 강바람을 맞으며 맑은 공기를 마음껏 들이켰다. 도시 공기와 비교할 수가 없을 만큼 정말 좋았다.

 매년 한 번 출조를 하지만 나는 우리 지원자들과 자주 가는 편이다. 우리 교회에서 낚시팀장을 맡고 있기에 예전에는 8월 말이면 갔었는데 올여름은 너무 더워 엄두가 나질 않아 9월로 미루었다가 그래도 여전히 더위가 심해 결국 10월까지 미루게 되었다. 9월 말 아니면 10월 초에 가려고 했는데 고등어가 모두 깊은 바다로 나가버려 약 50일 정도 고기가 들어오질 않아 낚시객들이 왔다가 허탕치기 일쑤라고 했다.

다시 10월 30일 물때를 잡고 교회 낚시팀에게 소식을 올렸다. 예배가 끝이 나고 권사님께서 얼마전 가족끼리 25만 원을 내고 낚시를 했는데 겨우 두 마리 잡았다고 했다. 나는 팀장으로서 큰 걱정을 했다. 출조하기 전날 7시쯤 선장님께 전화를 했더니 그날도 두세 마리가 전부라고 했다. 나는 그래도 날을 내일 30일로 잡아서 한 마리가 되든 2마리가 잡히든 가겠다고 했더니 기대는 하지 말고 바다 바람 쐬러 온다 생각하고 오라고 하며 전화를 끊었다.

다음 날 7시에 교회에서 출발을 해 낚시점에서 모든 걸 준비해서 배를 타고 바다 위에 떠 있는 콘도에 내려 낚시를 준비했다. 콘도는 말 그대로 펜션과 똑같다. 에어컨과 난방 시설이 되어 있고 빙 둘러 가장자리에는 난간이 설치되어 있기에 안심하고 낚시를 할 수가 있다. 나는 잘 보이지 않아 낚시 바늘 줄과 릴 줄을 묶을 때 입과 혀로 줄을 낀다. 미끼는 크릴로 끼우고 내가 제일 먼저 내리니 이게 웬일 고등어 그것도 큼직큼직한 고등어가 떼 지어 올라오는 게 아닌가. 전날에도 전혀 잡히지 않던 고기를 그날 낚시 간 11명 모두가 엄청 잡았다. 선장님도 놀란 눈치였다. 그날 낚시 팀원들은 종일 싱글벙글, 오후 4시까지 엄청 큰 고등어가 잡히니 팀장으로서 정말 기분이 좋았다. 종일 좋은 공기에다 모두가 기대를 하지 않았는데 뜻밖에 고등어 횡재를 만났으니 참으로 즐거운 하루였다.

노년의 행복

내 친구들은 하나둘 저 하늘로 가고 나와 친구 1명만 남아있다. 참으로 인생은 모르는 것 같다. 이제 마지막 노년 길을 걸어가면서까지 돈돈 하며 움켜쥐어 봐야 뭘 할까. 자식들 모두 출가시키고 노년에까지 와서 움켜쥐어 봐야 뭘 하고 어디에다 쓸까. 이제는 모든 욕심 내려놓고 친구들과 술 한 잔을 비우고 또는 커피숍에서 차 한 잔을 마시며 상대방이 먼저 계산하기를 기다리지 말고, 누가 먼저라 할 것 없이 그저 건강하게 살다가 유행가 가사처럼 오라 하면 가야 하지 않을까. 죽는 날까지 움켜쥐어 봐야 그렇게 간다면 얼마나 후회되겠나. 죽으면서까지 저 독한 놈 소리만큼은 듣지 말아야 하지 않겠는가. 죽을 때면 참 좋은 사람이었는데라는 소리를 들어야 남은 가족들에게도 행복하지 않겠는가.

이제 11월 말쯤 되면 곱게 물든 단풍잎이 모두 떨어지듯이 우리네 인생도 마냥 아름답게만 물들어 있지 않을 것이다. 곱게 물들었던 단풍잎처럼 한 잎 두 잎 떨어져 벌거숭이가 되듯이 우리네 인생도 마찬가지. 그래도 노년의 길을 걸으면서 행복만은 누려야 하지 않을까. 이제는 행복을 위해서 살아갈 때이다.

벌써 11월 첫 주말이 시작되었다. 지금 전국적으로 온 산 전체가 붉은 빛으로 곱게 물들어 있다. 많은 사람이 붉게 물든 단풍을 구경하려고 이 산 저 산을 다니면서 곱게 물든 단풍잎에 자신의 얼굴을 묻고 추억을 남기는데 여념이 없다. 먼 훗날 자신의 사진을 보면 지금의 생각을 회상하면서 이날을 마음 속 깊이 간직할 것이다.

사람은 누구나 자신의 젊은 시절을 회상하기 마련이다. 젊음이란 참으로 아름답고 행복한 것이다. 하지만 마냥 젊은 시절이 그대로이면 얼마나 좋겠는가. 하지만 젊음이란 자신도 모르게 세월 따라 함께 흘러가는 것이 인생이지 않을까. 그렇게 살아가는 것이다. 인생은 고작해 봐야

8~90년이다. 그 사람들 중에 백 세를 넘기면서도 건강하게 살아가는 사람도 있는가 하면 그중에서도 요양원에서 몸져누워 병간호를 받으면서 가족도 몰라본 채 살아가는 사람도 있다.

현재 김해 진영에서 40년 넘게 살아가고 있지만 이곳에서 만난 친구들은 모두 하늘나라로 가 버렸다. 인생은 태어나 한 번은 간다지만 너무도 빨리 가 버렸다. 늘 그 친구들이 그리워진다.

단풍과 신비로움

계절이 계절인 만큼 단풍잎이 절정을 이룬다. 이제 우리 아파트에도 아기단풍잎은 빨갛게, 은행나무는 노랗게 물들어간다. 동백나무는 겨울에 빨간 꽃잎을 내밀려고 꽃망울이 여기저기 많이도 맺혀있다. 아마도 눈이 내려 쌓여도 하얀 눈 속에서 빨간 꽃잎을 드러낼 것이다. 이제부터 길거리를 청소하실 미화원 아저씨들은 무진장 바빠질 것이다. 낙엽을 쓸고 뒤돌아보면 어느새 은행잎이 또다시 떨어져 바람결에 이리저리 휘날리고 미화원들에게는 제일 바쁜 시기다.

자연의 신비로움을 누구나 한두 번씩은 생각을 해 보았

을 것이다. 한 해의 계절이 바뀔 때마다 자연의 신비로움을 생각을 해 보면 그저 신기하고 감동할 뿐이다. 나무도 식물들도 그 계절에 따라 꽃이 피고 지고 단풍잎이 물들고 다시 떨어지고 앙상한 가지와 나무만 서 있다가 봄이 되면 새순이 돋아나고 꽃이 피고 여름이 되면 무성한 나뭇잎으로 자랑이라도 하는 듯이 왕성함을 드러낸다. 이처럼 가을이 되면 아름답게 곱게곱게 물들었다가 또다시 모든 잎은 떨어진다.

우리나라의 사계절은 어느 나라에서도 느껴볼 수 없는 신비로움과 아름다움을 가지고 있다. 하지만 우리나라에서 그리 멀지 않은 필리핀이나 베트남 같은 나라는 1년 365일 봄과 여름 사이에서 1년 내내 대나무 죽순을 캘 수가 있고 과일도 자연 그대로 먹을 수가 있다. 하루에도 소낙비가 몇 번이고 내리고 비가 그치면 태양 열기는 아주 덥고 매우 습해 아열대 기후를 가진 나라다. 남극이나 북극 시베리아에는 따뜻한 날이 얼마나 되겠는가. 1년 내내 겨울 외투를 입어야 하니 그런 나라를 생각하면 우리 대한민국은 참으로 복받은 나라라고 생각한다. 지구의 어느 나라를 둘러보아도 대한민국 같은 나라는 단 하나도 없다.

하지만 지구의 변화로 우리나라도 점점 변해가고 있으

니 앞으로의 미래가 큰 걱정이다. 전자제품은 고장이 나면 고쳐 쓸 수가 있지만 지구가 변해버리면 어떠한 치료도 할 수 없다. 많은 사람들이 제주도 바닷속 산호초 군락지를 보았을 것이다. 그 아름다운 산호초가 백화현상으로 죽어가고 있지 않는가. 이걸 어찌 살릴 것인가. 이제는 늦었다. 이 아름다운 자연을 사람들이 그렇게 만들고 있다. 우리나라도 봄, 가을이 점점 짧아지면서 여름, 겨울이 길어지는 두 계절로 바뀌어 갈 날이 얼마 남지 않은 것 같다.

이 아름답고 신비로운 자연이 자꾸만 변해 가는 걸 보면 정말이지 너무너무 속이 상한다. 이 아름답고 신비스러운 자연을 누구에게 원망할 것인가.

가을햇살

올 한 해도 막바지 가을로 향해가며 태양은 따뜻한 햇볕을 비춘다. 한 해 한 해 세월이 갈수록 기후변화가 심해지고 우리나라도 사계절이 점점 사라져 가는데 심히 걱정이 된다. 우리나라 기후만큼 좋은 나라가 또 어디 있을까. 나만큼은 사계절을 확실히 느끼지 않을까 생각이 든다. 오늘도 따사로운 햇살에 농민들은 추수를 다 마치고 과수원의 단감 수확을 하느라 많은 사람들의 손길이 아주 바삐 움직인다.

오늘도 나는 행복한 하루를 즐기고 있다. 이제 나도 늙어가는 황혼길에서 날이면 날마다 좋은 하루하루를 즐기려고 하고 있지만 먼저 간 친구들을 생각하면 한편으로 조금은 미안한 생각도 든다. 사람은 누구나 자신의 운명이 있기에 먼저 가는 사람이 있지만 나는 이렇게 늙어가면서 행복한 마음으로 하루하루 황혼길을 걷고 있다. 먼저 간 친구들의 그곳은 지금은 어떠할까. 그곳도 이곳처럼 지금 쯤 아름답게 곱게 물들어가고 있을까? 그럼 참 좋을 텐데. 그러면 이곳에 남아있는 나는 조금은 덜 미안할 텐데. 지금에 와서 황혼의 인생길을 걸으니 내 나름대로 운치도 있고 평안함과 행복이라는 걸 이제야 알 것 같다. 비록 앞은 볼 수 없지만 봄이면 봄의 향기, 여름이면 시원한 계곡에서 발을 담그고 여름을 느낄 수가 있고 오늘같은 따사로운 가을 햇살을 맞으면서 가을의 느낌과 맑은 공기를 마음껏 들이키며 막바지를 슬슬 즐긴다는 것이 나만의 여유라 할까.

나이가 들면 들수록 옛 생각이 하루에도 몇 번씩 주마등처럼 스쳐 지나간다. 누구나 자신의 고향을 못 잊어 그리워하듯이 가을이 되면 마을 사람들과 서로 품앗이를 하면서 낫으로 벼베기를 하고 벼가 마르면 한 묶음씩 묶어 지게로 져 나르고 여자들은 벼를 훑고 짚으로 이엉을 엮어 지붕을 얹고 담장 고치는 일을 모두 마쳐야 겨울을 날

수가 있다.

  도시 사람은 어릴 적 도시 생각을 하지만 농촌에서 자란 나같은 사람은 평생을 이렇게 잊지 못하고 계절에 따라 생각이 난다. 이러한 생각을 앞으로 얼마나 할지 내 자신도 모른다. 누구나 자신의 앞날은 알 수 없으니까. 나는 오늘도 즐거운 하루 속에서 행복한 여가를 보낸다.

제일의원

 올여름 그렇게도 무더웠던 더위도 서서히 고개를 숙이며 처서도 지나고 앞으로 15일 정도 지나면 추석이다. 그때가 되면 객지에 있는 자식들은 고향으로 아니면 시골 부모님들이 자식들 고생한다고 자식들에게 간다. 하지만 명절이면 부모님들의 건강은 어떠신지 걱정보다는 자기 가족끼리 해외여행이 더 분주하다. 부모는 자신들은 못 먹고 못 입고 못 쓰며 기르고 가르쳤건만 자식들은 그것이 당연하다고 생각들을 한다. 부모도 사람인데 왜 먹고 싶은 것이 없고 입고 싶은 게 없을까마는 부모님에게 관심 하나 없던 자식들이 유산은 탐을 내고 형제들끼리 싸우는 것이 보통의 일이 되어버렸다.

 이곳에서도 그런 사람들을 흔히 볼 수가 있다. 김해 진영은 우리나라에서 최초의 단감 주산지다. 사람들은 김해 진영 하면 아~ 거기 단감이 많이 나는 곳 또는 아~ 노무현 대통령님이 태어난 곳이라고 말한다. 예전에는 단감 주산지로만 생각했던 사람들이 이제는 한 가지를 더해 노무현 대통령이란 말이 하나 더해졌다.

 진영에도 어느 농촌과 다름없이 농사짓는 사람이 많다. 그래서 병원을 찾는 사람이 많다. 나 역시 무릎관절로 일주일에 세 번 병원을 찾는다. 나는 다른 사람들과 달리 시에서 지정 병원을 정하라고 한다. 외과 한 곳과 치과나 한 의원 그중에 한 곳. 하지만 의원에서 지정 병원을 잘 받아주지 않는다. 아마도 다달이 관공서에서 지적사항이라든가 무슨 말이 더 많지 않을까 해서 그러지 않을까? 내가 다니던 병원이 올 초에 폐업을 했기에 나는 또다시 지정 병원을 받아주는 곳을 찾았으나 모두가 받아주지 않았지만 제일의원에서는 나를 지정 병원으로 받아주었다.

 지정 병원을 정하면 다른 곳이 아파서 다른 병원을 가려면 지정 병원장님께 의뢰서를 받아가야만 한다. 이 모두가 병원 입장에선 무척 귀찮은 일이다. 우리 역시 의뢰서란 말을 꺼내기가 쉽지 않다. 하지만 제일의원에선 그런 불편함이 느껴지지 않는다. 입구에서 접수와 주사 놓는 일을 함께하는 간호사는 1년 365일 언제나 한결같이 '어서 오세요, 안녕히 가세요' 상냥한 목소리와 미소를 잃지 않는다. 원장님은 환자들을 무척 꼼꼼히 살펴주시며 언제나 한결같이 조용조용하며 무척이나 점잖으시다. 물리치료실에 들어가면 상냥한 목소리의 사무장님과 간호사 선생님이 있다. 다른 병원에는 간호사들이 자주 바뀌는데 제일의원만큼은 해가 몇 번을 바뀌어도 간호사 선생님들은 절대로 바뀌지 않는다. 그것은 원장님과 모두가 호흡이 잘 맞는 것이지 않을까?

  오늘도 상냥한 목소리 인사를 받으며 병원을 나온다. 그래서인지 제일의원은 언제나 환자들로 넘친다.

준비되지 않은 이별

 태풍이 지나간 지 삼 일째지만 오늘도 한낮의 기온은 30도를 웃돈다. 하지만 입추도 지나고 처서도 10일 정도를 남겨 놓고 있다. 이제 아무리 덥다 해도 이제부터 낮 기온이 내려갈 것이다. 처서가 지나면 밤이슬이 내리는데 밤이면 열대야도 끝이 날 것이다. 올여름도 이렇게 끝이 나는 것 같다.

 올해도 장맛비로 도시에서 농촌에서 물난리와 산사태로 이번 태풍 카눈으로 많은 사람이 목숨을 잃었다. 방송을 들으면서 잠시나마 눈을 감고 고인의 명복을 빌어본다. 그 모두가 가족이 있지 않은가. 하지만 그 모두는 준비되지 않은 이별을 하고 말았다. 청주에는 아침을 잘 먹고 가족들과 잘 다녀오겠다고 인사를 나누고 출근길에 나섰다 갑자기 물난리로 인하여 뜻밖의 목숨을 잃었다.

준비된 이별이 얼마나 될까. 병으로 오랜 투병 생활을 하며 의사 선생님께서 마음의 준비를 하라고 할 때는 모든 가족과 눈을 마주하며 살아생전에 마지막으로 손을 잡아 보는 것으로 준비된 마지막 이별을 고한다.

그 사람들은 모든 걸 마음의 준비까지 되어 있지만 갑작스럽게 죽음을 맞이한 사람들은 준비되지 않은 이별을 해야만 한다. 그러기에 가족들은 더욱더 오열하고 정신을 잃고 슬픔은 몇 배를 더 한다.

나 또한 그런 이별을 했다. 그 당시 내 나이 19살, 아버지 연세 겨우 49세였다. 아버지께서는 무척이나 건강하셨기에 죽음을 전혀 상상하지도 못했다. 아버지는 자나 깨나 내 걱정뿐이셨다. 자식이 앞을 잘 보지 못해 가까이 앞에 오는 사람도 누구인지 잘 몰라 실수하고 그런 모습을 보는 아버지는 늘 안타까운 심정이셨다. 나는 어려서부터 점점 시력을 잃었기에 우리 아버지에겐 언제나 마음을 짓누르는 자식이었다.

지금 생각해 보면 아버지와 함께 밭일할 때면 쌈지에서

작은 종이를 꺼내 담배를 말아 담배를 피우실 때마다 긴 연기를 내뿜으시며 나를 쳐다보시고 무슨 말씀을 하실 듯 말 듯 하셨다. 아마도 나에 대한 미래를 생각하실 때마다 가슴이 얼마나 미어졌을까. 생각해 보니 그래서 어린 나에게 농사일을 그렇게 빨리 가르치셨나 보다. 하지만 나는 아버지가 아주 오래오래 언제나 내 곁에 머물면서 모든 일을 하나하나 가르쳐 주실 줄 알았다. 49세 젊은 나이로 갑자기 내 곁을 떠나시리라고는 단 한 번도 생각해 본 적이 없었다.

그러나 내 앞에 준비되지 않는 일이 생기고 말았다. 그래서 사람 일이란 한 치 앞도 모른다고 했나 보다. 그렇게 나는 준비되지 않은 이별을 했기에 얼마 동안인지는 모르지만, 밤낮으로 아버지 생각에 그리도 많이 눈물을 흘렸나 보다. 그 당시에는 아버지 옷이며 어느 것 하나 버리지를 못했다. 아버지 옷에서는 아버지의 냄새가 그대로 났으니까. 지금까지도 아버지 향기는 내 마음속에 남아 있다. 그렇게 나도 준비되지 않은 이별을 해서일까? 지금도 아버지가 너무너무 그립고 보고 싶다.

가을의 허수아비

　가을의 들녘은 그야말로 황금물결을 이룬다. 오늘도 콤바인은 이 논 저 논을 다니면서 황금의 알곡을 수확하느라 분주히 움직이고 있다. 요즘은 그 옛날처럼 참새가 무척 귀하다. 그 옛날에는 참새를 쫓기 위해 허수아비를 만들어 세워 뒀지만 요즘은 참새가 아니라 멧돼지를 쫓기 위해 세워둔다. 하지만 요즘은 어느 새고 멧돼지고 사람이 만들어 세워 놓은 줄 알고 그냥 무시를 해 버린다. 세월이 변해가는 만큼 사람도 동물도 지능이 변해간다. 이제 논, 밭곡식을 모두 거둬들이면 허수아비만 양팔을 벌리고 외로이 홀로 서 있을 것이다.

지금도 그렇지만 오래전 매서운 추운 바람이 불기라도 하면 홀로 서서 양팔을 벌리고 그 바람을 맞으며 허수아비 옷은 바람에 펄럭인다. 그런 걸 보면 왜 그리 쓸쓸해 보일까. 너도 네 본분을 다하고 그 매서운 바람을 맞으면서 서 있구나 하는 생각이 든다.

요즘 새들은 머리가 얼마나 좋은지 특히 까치는 허수아비 위에 앉아 머리를 쪼면서 앉아 있는다. 그러하니 무슨 소용이 있겠는가. 요즘 동물들은 한번 소리를 내면 처음에는 조금 놀라 도망가지만 다음날도 그곳에서 똑같은 소리가 나면 그냥 무시해 버린다. 그러니 얼마나 지능이 높은 동물들인가. 이제 머지않아 허수아비도 옛 추억 속으로 사라질 날이 올 것 같다. 그 옛날에는 참새떼를 쫓기 위해서 세워뒀지만 지금은 참새가 아니라 멧돼지를 쫓기 위해서 만들어 세워둔다. 하지만 오히려 까치의 쉼터가 되어버리니 무슨 소용이 있으랴. 이제 논과 밭에도 로봇 허수아비를 만들어 밤이고 낮이고 논밭을 걸어 다니면서 농작물을 지키는 시대가 오지 않을까. 아마 머지않아 그럴 것 같다. 특히 과수원에는 하나만 계속 쪼아 먹으면 그나마 나을 텐데 하루에도 수십 번은 새로운 과일들을 쪼아버리니 상품 가치가 떨어질 수밖에 없다. 얼마나 약아빠진 새들인가.

 농민들이 그 무더운 여름철에 땀 흘리며 애써 가꾸어 놓은 농작물들을 이제 추수가 모두 끝이 나면 양팔을 벌리고 옷깃을 펄럭이며 홀로 남아 빈 들녘만 바라보는 쓸쓸히 서 있는 허수아비.

종착역

 가을이 깊어가면 갈수록 붉게 물들었던 아름다운 단풍잎은 어느새 한 잎 두 잎 떨어지기 시작한다. 시냇물도 맑게 흐르고 고운 단풍잎은 시냇물에 떨어져 너울너울 나비처럼 날갯짓하면서 흘러가기도 하고 바람결에 날려 저 멀리 날아가기도 한다. 또 다른 단풍잎은 나무 아래에 수북이 쌓이고 그 단풍잎을 볼 때면 까치둥지로 착각할 정도로 쌓인 단풍잎도 있다. 누구나 이제 단풍잎이 지는구나 생각들 하지만 단풍잎은 물들기까지 참으로 나름대로 제 역할을 다 했다. 추운 겨울을 보내고 따뜻한 봄이 오면 새 싹을 틔우고 여름이 오면 왕성한 잎으로 자라 가을이 오니 아름다운 단풍잎으로 또 다시 낙엽으로 지기까지 자기 역할을 다 하고 떨어지는 것이다. 단풍잎은 여기까지 오기를 제 할 역할을 다 했다. 아름다움을 뽐내고 거기까지가 끝이다. 나무의 잎은 여기까지 자기 역할을 다하기까지 힘껏 살았을 것이다. 사람은 쉽게 봄이면 새잎이 돋아나고 여름이면 왕성하게 자라서 가을이면 아름답게 물들다가 바람결에 떨어진다고들 생각한다. 사람은 그 깊이를 모른다. 그저 계절 따라 피고 지고만 생각을 한다. 하지만 식물이지만 힘껏 최선을 다한다. 이것이 1년의 끝이다.

 사람도 자신은 언제가 끝일까 생각하며 더욱더 나이가 들면 들수록 자신의 생명을 연장하고 싶은 마음을 가질 것이다. 하지만 식물의 수명은 정해져 있지만 사람은 자신의 생명을 어느 누가 알까. 그저 마음속으로 좀 더 좀 더 생각할 뿐이다. 강물도 흘러 흘러 바다로 흘러가 밀물과 썰물이 함께 만나 조화를 이룬다. 물의 생명을 다하고 또 다른 물이 내려와 옛 물을 밀어내며 그 때문에 생명은 끝이 나지만 우리의 수명은 조금만 더라고 해서 더 하는 것은 아니다. 한 치 앞도 모르는 게 우리의 인생이 아닌가.

 인생은 젊은 청춘이라고 해서 오래오래 살거라고 생각하면 큰 착각이다. 나이가 들어 이제 오늘일지 내일일지 근심 걱정 속에 노년의 인생을 헛되이 보내지 마라. 인생은 모르는 것. 눈을 감을 때 감더라도 노년의 인생을 항상 즐겁게, 설령 자다가 잠든 그대로 갈지언정 그날그날 즐겁게 살아가야 할 것이다. 죽음의 문턱이 오지도 않았는데 스스로 죽음을 택해서는 안 될 것이다. 솔직히 젊은 시절에는 누구나 자식과 가정을 위해서 앞만 보고 살아왔지 않는가. 노년이 되면 내가 언제 인생의 끝이 날까, 미리 생각하지 말고 그러한 잡념을 버리고 이렇게 좋은가를 즐기며 종착역이 올 때까지 인생을 행복하게 노년을 보낼 것이다.

가을밤의 찬바람

 왠지 오늘 밤은 잠이 올 것 같지 않아 아파트 정원 길을 따라 지팡이를 더듬거리며 천천히 걸어 본다. 아파트 아낙네들은 내 옆을 스쳐 지나가면서 "이제 완연한 가을밤의 찬바람이구먼." 그 말이 끝나자마자 다른 사람이 "저 하늘을 올려다봐. 가을밤이라 그러한지 별이 정말 맑고 초롱초롱해." 하면서 지나간다. 나도 고개를 들어 하늘을 쳐다보니 나에게는 하나도 보이지 않았다. 소년 시절 고향에서 올려다보았던 밤하늘의 별을 생각하면서 '그래 저 하늘 높이 수많은 별들이 반짝거리고 있을 것이다.' 하며 별을 떠올리니 저 하늘의 별이 보이는 것처럼 내 눈에 반짝거렸다.

　나는 생각했다. 지금쯤 여러 색깔의 코스모스가 피어 가을바람에 이리저리 흔들릴 것이다. 그중에서도 빨간 코스모스가 제일 예쁘고 아름다운데 진영에서는 코스모스를 볼 수가 없다. 코스모스를 생각하니 내가 초등학교 다닐 때 학교 뒤편 텃밭이 있는데 봄이 되면 넓적하게 둑을 만들어 여러 가지 꽃씨를 뿌린다. 모든 일은 학교 일을 보는 사람이 관리를 한다. 꽃나무가 어느 정도 자라면 각자 자기 교실 앞의 화단에 여러 가지 꽃을 심는다. 특히 코스모스 씨를 많이 뿌려 학교 전체에 심고 나머지는 학교 밖의 도로를 따라 아주 멀리까지 한번 심어 놓으면 다음 해부터는 심지 않아도 가을에 씨앗이 떨어져 많은 코스모스가 자라 꽃을 피운다. 그중에서도 빨간 코스모스는 왜 그리 눈에 들어오는지. 지금도 내 고향길에는 코스모스가 피어 가을바람에 흔들거리고 있을까 나는 이런저런 생각을 하면서 걸었다.

　저 하늘에 반짝이는 별이 조금이나마 보였으면 좋으련만. 이제는 별도 빨간 코스모스도 볼 수 없는 내 눈이 되어버렸구나, 하면서 긴 한숨을 내쉬어 본다. 한참을 걸어도 가을밤의 찬바람은 너무너무 좋았다. 그렇게 걷다 되돌아오는 길에 어디선가 참으로 오랜만에 들어보는 새소리에 발걸음을 멈추고 서 있으니 또다시 들려왔다. 정체는 바로 밤의 제왕 올빼미 소리였다. 저 올빼미가 아파트 단지에 뭐가 잡을 게 있다고 왔을까 생각을 하면서 한참을 서 있다 발걸음을 집으로 옮겼다.

오늘 밤은 참으로 귀한 새의 울음소리를 들었다. 나는 그 길로 집에 들어와 이렇게 글을 써 본다. 나는 문득 그래, 이렇게 종종 가을밤을 걸어 보자 다짐을 했다. 오늘 밤 쓰는 글은 영영 잊히지가 않을 것 같은 생각이 든다.

훨훨

 가을비가 연이어 삼일 동안 내리더니 오늘은 밝은 햇살을 비추며 가을의 기온이 급격히 떨어지고 바람도 매우 차갑게 불어온다. 가을바람에 가로수 은행잎은 떨어져 이리저리 나뒹굴고 떨어진 단풍잎은 오고 가는 사람들의 발길에 밟히고 또 밟히고 올 한 해 푸른 은행잎은 자기 할 일을 다하고 미련 없이 떨어져 일 년의 생을 마감하는 듯하다. 어찌 생각하면 하찮은 나뭇잎이라 할지라도 떨어진 은행잎은 올 한 해를 위해 그 추운 겨울을 견디어 내며 따뜻한 봄 햇살에 싹을 틔우며 하루하루 무럭무럭 자라 여름에 왕성한 푸른 잎을 드러내다 자기 할 본분을 다 하고 떨어진 것이다.

젊은 시절에는 단풍잎이 곱게 물들면 참으로 아름답다고만 여겨 왔지만 지금 곱게 물들어간 단풍잎을 볼 때면 하나의 식물이지만 1년에 너 할 일을 모두 마치고 곱게 물들어 가는구나 하는 생각을 하고 그 단풍잎이 바람결에 떨어져 이리저리 나뒹굴 때면 나도 모르게 내 자신을 생각하게 한다. 나도 머지않아 곱게 물든 단풍잎 너처럼 언제 어느 때 이 생명의 끈을 놓을지 모르겠구나 하는 생각이 든다.

그러고 보면 식물이나 동물이나 사람이나 모두가 똑같은 것 같다. 이제 남은 내 인생이 얼마가 될지 모르지만 이제는 어느 것 하나 허투루 보이질 않는다. 하긴 그렇다. 내 나이 일흔 줄에서 걸어가고 있지만 사실상 팔십이 되면 무슨 힘이 있고 무엇을 할 수 있을까. 지금 내 나이가 딱 절정기인 것 같다. 아직은 조금 힘이 있어 어느 곳이고 갈 수가 있지만 칠십이 지나고 팔십줄에서 뭘 하겠는가. 한다 해도 걷기 운동이나 할까. 그때부터는 자신이 자신을 알아야만 한다.

조금이라도 더 좋은 날을 보내고 싶다면 좋은 말과 스트레스 받지 말고 나쁜 일들은 하루속히 잊어버리고 그저 좋은 친구가 있다면 누가 먼저라 할 것 없이 먼저 계산하고 차 한 잔을 마셔도 기분 좋게 마신다. 그러다 생명의 삶을 놓을 때 미련도 후회도 하지 말고 눈을 감는 것이다.

나이를 먹을수록 삶에 대해 욕심을 내지 말라. 인생이란 자기가 욕심을 낸다고 해서 사라지던가. 팔십에 들어서면 욕심을 내려놓고 곱게 물들었던 단풍잎처럼 아름답게 떨어지는 것이다. 이제 자신의 인생이 곱게 물들 때 모든 걸 내려놓고 친구들과 멋진 나날을 보내면 인생에 후회는 없을 것이다.

바람길

 자연은 참으로 신비롭다. 우리네 사람들은 대부분 계절이 변하면 이 계절이 가고 새로운 계절이 오는구나 생각들 하지만 깊이 있게 생각을 해 본다면 참으로 고맙고 감사해야 할 것이다. 사람들은 시원한 바람이 불어올 때면 아이고 시원해라 그걸로 끝이다. 하지만 바람에 대해 깊이 생각해 보는 사람들이 몇이나 될까?

 바람도 우리가 걸어가는 길처럼 길이 있다. 비록 우리의 눈에는 보이지 않지만 바람길이 따로 있다. 이번에 일본을 강타한 태풍을 보면 일본 열도에서 불어오는 바람이 일본을 거쳐 울산을 거쳐 동해로 빠져나가는 것이 예상되었지만 기압골을 따라 일본 전체를 집어삼키고 말았다. 바람은 자기의 길을 찾아간다. 그렇게 자연이란 우리가 생각하는 것보다 아니 우리가 생각할 수 없을 만큼 참으로 경이로운 것이다.

이제 자연의 계절은 여름을 밀어내고 어느덧 가을이란 계절을 몰고 왔다. 참으로 시원한 가을의 계절이다. 밭에는 고구마가 곧 수확을 기다릴 것이고 수수는 물이 탐스럽게 들어 고개를 숙이고 예전에는 수수알갱이를 털고 나면 부엌을 쓸어내는 빗자루를 만들고 논의 벼들은 노랗게 익으면 사람들이나 낫으로 베어 마르면 한 다발씩 묶어 지게로 짊어지고 와 여자들이 일일이 호롱기에 조금씩 떨어놓고 남은 짚은 이엉을 엮어 지붕과 담장 울타리를 막고 남은 짚은 새끼를 꼬기도 하고 겨울 내내 소여물이 되기도 한다. 이 모두가 자연의 신비로움이 있기에 가능하다. 계절의 신비로움이 없다면 이러한 기적 같은 일은 없을 것이다. 하지만 바람이 자기 갈 길을 잃고 그 자리에서 멈춰서 빙빙 돈다면 그곳은 초토화가 되고 말 것이다. 계절의 변화도 바람이 있기에 계절의 변화를 몰고 온다. 우리는 각 계절의 변화에 참으로 감사해야 하지 않을까.

이 가을이 중반쯤 되면 겨울 철새들이 그 먼 길을 날아

올 것이다. 다른 새들은 한 무리를 지어 날아가지만 기러기만큼은 조금을 날아가도 서로 상대방에게 방해가 되지 않기 위해 좌우로 줄지어 비행을 한다. 많은 새들이 있지만 기러기만큼은 참으로 지혜가 많은 새가 아닌가. 새 역시 바람이 없으면 먼 길을 날 때 무척이나 힘이 든다. 바람 소리를 한 번쯤 감상해 보라. 바람 소리를 듣다 보면 아주 부드럽게 또는 시원시원하게 또는 비가 내릴 때 천둥이 치듯이 불기도 한다. 사람들은 각각 생각하는 게 다르기에 바람 소리를 그냥 흘려보내기 일쑤다.

나는 계절마다 그때그때 따라서 계절의 신비로움을 느낄 수가 있다. 이제 이 가을에도 가을바람은 가을바람의 길을 따라 오늘도 솔솔 불어온다.

엄마의 나팔꽃

 이제 가을 추수가 막바지에 이른 것 같다. 과수원에는 많은 사람들이 감 수확을 하느라 분주히 움직인다. 어제 늘푸른 대학에서 울산 대나무 숲을 다녀왔다. 코스모스는 꽃을 다 피우고 늦게 핀 코스모스가 하나둘씩 피어 있다. 코스모스는 벌써 씨앗주머니를 여기저기 달고 있었다. 나는 우리 지원사님들과 꽃씨를 땄다. 나는 주로 체리색 씨앗을 따서 주머니에 한 움큼 담았다. 체리색 코스모스 꽃이 너무나 예쁘기에 집에 와서 씨앗을 봉투에 담아 우리 아파트 정원에 내년 봄에 뿌리려고 한다. 내년이면 우리 아파트 단지에서 내가 뿌린 코스모스 꽃을 볼 수가 있을 것이다. 코스모스를 생각하니 옛날 내 고향집 장독 뒤에 나팔꽃 씨앗을 촘촘히 심었다.

나팔꽃은 연보라색 보랏빛 언제나 나팔꽃은 자라면서 울타리에 넝쿨을 감고 올라가면서 마디마디마다 꽃을 피운다. 아침에 일어나 보면 나팔꽃은 싱싱한 꽃으로 많이도 피어 있다. 나팔꽃은 울 엄마가 무척 좋아해 언제나 장독 뒤에 심으라고 하셨다. 엄마께 "엄마, 엄마는 왜 나팔꽃을 그리도 좋아해요? 오전에 잠깐 피었다 오후가 되면 시들어버리는데."하고 물으면 "사람도 저 나팔꽃처럼 오전에는 열심히 일하지만, 오후가 되면 힘이 빠져 무척 힘들게 하지 않니. 그와 마찬가지로 오후가 되면 잎을 닫고 쉬지 않니."하신다.

나는 그 뜻을 알고 고개를 끄덕였다. 엄마의 말씀이 맞다. 언제나 나팔꽃이 필 때면 엄마 생각이 나도 모르게 자연스럽게 난다. 그래서 해마다 빠지지 않고 꽃씨를 심는다. 다른 꽃들은 집으로 들어오는 골목길에 채송화, 백일홍, 봉숭아꽃을 양옆으로 씨앗을 뿌린다. 담장 옆에는 그랬듯이 해바라기 꽃을 심는다. 해바라기는 아침 해가 뜨면 태양을 바라보며 서산에 해가 지면 또다시 고개를 떨구고 아침 해가 뜨기만을 기다린다.

도심 속에 살다 보니 고향에서 보던 들꽃들을 볼 수가 없다. 이때쯤 되면 우리 밭둑에 들꽃 중에 노란 국화가 참으로 많이도 피었다. 우리 밭 전체를 국화 향으로 채워줘서 너무너무 좋았는데 이제 모두가 추억 속으로 남겨졌다. 울 엄마가 좋아하는 나팔꽃.

4

구름이 내게 웃는다

강산이 변한 게 아니라

 겨울 날씨답게 추위가 식을 줄 모르고 계속 추위가 물러설 줄을 모른다. 그래도 추위보다 더 무서운 것은 세월이 아닐까. 많은 사람들은 10년이면 강산이 변한다고들 하지만 그것은 틀린 말이 아닐까. 강산이 변한 게 아니라 사람이 변한 것이다.
 초등학교를 다닐 때 운동회에서 100m 달리기를 할 때는 운동장 끝에서 저 건너 끝이 그렇게도 멀리 보일 수가 없었다. 쉬는 시간에 몇백 명의 학생들이 몰려나와 공을 차고 여자아이들은 고무줄 놀이를 해도 그리 좁은 줄 몰랐던 것들이 어른이 되어서 모교를 둘러보니 왜 그리 좁게 보일까. 솔직히 그 옛날 대감집 마당만큼 좁게 보였다. 어려서 보는 눈과 어른이 되어서 보는 눈이 다르기에 사람들은 흔히들 10년이 되다 보니 강산이 변한다고들 한다.

사람이란 한번 태어나 잘 사나 못 사나 생명은 기껏 해봐야 백년 왔다갔다인데 왜 이렇게 힘들게 살아가야 하는지. 그것은 혼자가 아니라 결혼해 아내와 자식이 있기에 남자로 태어나 큰 꿈은 있었지만 그것이 그리 쉽게 호락호락하던가, 그러기에 큰 꿈은 저버리고 가족을 위해 남자로 태어났으면 자신의 가족이라도 힘들지 않게 하기 위해 남보다 좀더 노력하려고들 한다.

우리 인생은 백년에서 왔다 갔다 하지만 그것도 칠십이 넘으면 무슨 일을 하겠는가. 팔구십이 넘으면 솔직히 자신의 몸도 제대로 가누지 못한다. 만약 겨울철에 한번 넘어지기라도 하면 그 후유증은 오래도록 간다. 젊어서는 더 큰 상처도 잘 낫지만 나이가 들면 온몸이 수축되어 몸의 순환도 잘 안 되고 모든 뼈들도 약해지기 마련. 그러니 요즘은 아침 저녁으로 운동을 많이들 한다. 운동을 하는 사람들은 근육이 발달되어 혈액순환도 잘 되지만 운동을 하지 않는 사람은 노년이 되어서 몇 배 차이가 난다. 아니 평생 병상에서 누워 밖으로 나올 수도 없을 지도 모른다.

우리나라 어느 지역을 가도 운동하는 곳이 있다. 도시뿐만 아니라 외딴섬에도 시골 농촌이라도 운동기구만은 잘 비치되어 있다. 그뿐인가. 심지어 노인정 농촌에는 마을회관까지 몇백만 원 하는 안마기까지 놓여 있다. 그러고 보면 아직까지는 살 만한 세상이 아닌가 싶다.

  몇백 년도 못 사는 인생이지만 그래도 내게 주어진 인생은 좀더 열심히 살아야 하지 않을까 싶다. 누구나 나이가 들면 건강하게 오래오래 살고픈 마음을 가지고 있지만 제 아무리 자기 인생이지만 어느 누가 알겠는가. 그러기에 강산은 그대로인데 우리네 인생이 변해가고 있는 것이다.

영원함은 없다

 누구나 인생을 살아가면서 평생을 건강하고 장수하며 살아가고 싶을 것이다. 하지만 우리가 살아가면서 늙지 않는 것은 없나 보다. 사람은 몸은 늙어가도 마음은 언제나 청춘이다. 마음처럼 살아간다면 이 세상에 부러울 게 뭐가 있을까? 하지만 몸과 마음은 따로따로 살아가니 늙어가면 늙어갈수록 깊은 한숨과 주름살만 늘어날 뿐이다. 젊은 사람이나 늙은 사람이나 좀 더 건강하게 살려고 아침저녁으로 운동을 하는 모습을 볼 수 있다. 요즘은 도시나 시골이나 운동기구가 없는 곳이 없다. 또한 조깅 코스도 참으로 잘 되어 있다. 나는 이 나이 되도록 해외는 가 보지 못했지만 우리나라 만큼 둘레길이며 조깅 코스며 도시나 시골이나 차별 없이 군데군데 여러 사람들이 마음껏 운동을 할 수 있게 만들어 놓은 곳은 흔치 않을 것 같다. 그러한 걸 보면 자신의 건강을 위해 노력만 하면 얼마든지 운동을 할 수가 있다. 그러나 나 같은 경우 마음은 하고 싶지만 내 몸은 따로 논다. 그래서 옛말이 맞는 것 같다.

예전에는 차가 없어 비포장도로 몇십 리를 걸어가야 하는데 눈은 저 먼 길을 언제 갈까 하고 걷다 보면 어느새 목적지에 다다른다. 이 말은 눈은 게으르고 발은 부지런하다는데 눈과 몸이 다르니 나는 늘 운동을 하고 싶다. 하지만 생각뿐 몸이 실천을 옮기지 않으니 무슨 소용일까. 한마디로 그림의 떡이라고나 할까. 사실상 하고 싶어도 무릎관절 때문에 걷는 것도 아주 조심스럽게 걸어 다닌다. 누구나 같은 생각을 하겠지만 첫째도 둘째도 건강일 것이다. 하지만 늙어가면서 생각대로 된다면 그것보다 더 행복한 것이 어디 있을까?

계절은 막바지 가을을 재촉한다. 강원도에는 단풍잎이 절정을 이루고 있다. 아직 이곳 경남은 단풍잎이 물들지 않았다. 나도 무릎만 건강하다면 예전처럼 배낭 하나 둘러메고 가을여행을 떠났을 텐데 그저 생각에 젖어 본다.

겨울의 문턱

 참으로 세월은 빠르다. 그저 내 몸에 주름살만 훈장처럼 늘어만 간다. 몇 개월 전에 매화꽃이 피는 것 같더니 기나긴 장마가 끝나자마자 가을의 울긋불긋 아름다운 단풍으로 우리의 마음을 사로잡고, 어느샌가 낙엽으로 떨어져 바람결에 이리저리 휘날린다. 나무는 모든 옷을 벗고 앙상한 가지만 남겨 둔 채로 외로이 서 있다. 앙상한 가지를 볼 때면 이불이라도 꺼내어 덮어 주고 싶다. 저 앙상한 가지로 그 추운 겨울을 보내야 할 텐데 나무는 정말 강인한 생명력을 가지고 있다. 그것이 순리가 아니겠는가. 겨울은 어릴 적이나 지금이나 쓸쓸하게만 느껴진다. 그저 추운 겨울이 빨리 지나가고 봄이 오기만을 기다린다.

 계절은 지나가면 다시 돌아오지만 인생은 한 번 지나면 돌아오지 않는다. 누구나 한번 왔다 가는 인생이지만 사람에 따라서 인생을 어떻게 사느냐에 따라서 웃음을 짓는 사람 미련과 후회하면서 살아온 사람도 있다. 하지만 그 세월은 이미 지나간 세월이다. 미련도 후회도 많지만 지나간 세월을 생각지 말고 앞으로 남은 시간의 세월을 아주 소중히 써야 할 것이다. 정말 하루하루가 소중한 시간인데 모두 바람처럼 보내 버리면 되겠는가. 지금은 겨울의 문턱이지만 이 겨울도 바람처럼 구름처럼 흘러가 버리기 전에 좋은 글 한 편 남겼으면 하는데 이 겨울의 모든 식물도 움츠러들고 봄이 오기만을 기다리겠지. 이 겨울이 가는 동안 내 인생도 내 마음도 허전해질 것만 같다. 사람이 한 해, 한 해 나이를 먹는다는 것이 누구나 허전할 것이다.

 나 역시 그 많은 꿈 중에 단 한 가지도 이루어 보지도 못한 채 아니 시도도 해 보지 못했다. 왠지 한 해가 다 되면 겨울의 문턱에서 내 마음은 허전함과 쓸쓸함에 젖어든다. 아마도 내가 마음먹었던 꿈 중에 단 하나도 이루지 못해서일 것이다. 나는 언제나 12월만 되면 한 해를 뒤돌아보게 된다. 그 많은 날들을 생각하면 내 자신을 채찍질

하고 싶다. 그만큼 내 생각대로 살아오지 못했다는 것이다. 이제 겨울의 문턱에서 마지막 남은 겨울을 얼마만큼 소중히 쓸 것인가를 잘 계획해야겠다. 그러한 꿈을 자신도 이겨 내지 못하면서 무슨 미련이 있고 후회를 생각한다 말인가. 내 자신을 생각해 봐도 참으로 한심하고 미련스럽지만 겨울의 문턱에서 이 겨울을 소재로 좋은 글이나 두세 편을 생각해 본다.

구름이 내게 웃는다

 그렇게도 따뜻했던 날씨가 한번 추워지니까 하루도 따뜻한 날이 없이 몇 주를 강추위가 이어졌다. 나도 모르게 하늘을 올려다보며 단 며칠이라도 따뜻한 날이 되어 달라고 하니 조각구름은 나를 보고 자기처럼 둥실둥실 떠다니며 살라며 저 산 너머로 흘러가네요. 누구나 소년 시절에는 손오공처럼 구름을 타고 여기저기 다니고 싶은 생각을 안 해 본 소년은 없었을 것이다.
 날씨가 아무리 겨울이라고 하지만 며칠 추웠다 며칠은 따뜻한 날씨를 보내곤 했는데 올겨울은 한번 한파가 오니 계속 강추위다. 세월을 어느 누가 알까 하지만 날씨가 좀

처럼 풀릴 기색을 하지 않는다.

 세월은 하루하루 멀기만 하지만 아마도 우리 인생에 있어 세월처럼 빠른 게 없는 것 같다. 이제 보름 정도 지나면 2024년이란 1년의 세월이 지나가 버리고 2025년이란 새로운 달력을 또다시 벽에 걸어 놓을 것이다. 그리고 한 해의 계획, 각오, 하지만 마음먹은 대로 안 되는 것이 각오요 다짐이다. 자신과 자신의 약속이지만 뜻대로 안 되는 것이 우리 인생사. 누구나 자신의 각오가 뜻대로 된다면 어느 누가 사업에 실패를 하고 어느 누가 못 살까. 안 되는 것이 우리네 인생사. 하지만 한번 실패라고 기죽지 말고 도전 또 도전에 인내심이 필요할 것이다. 자신의 인내심을 빨리 포기해 버리면 그 사람은 어느 것을 해도 쉽게 포기를 해 버린다.

 우리 인생은 쉽고 편안한 길만 있으면 어느 누가 못 살까. 일년 열두 달이 길게만 느껴지지만 이렇게 12월이 되면 언제 자신조차 착각할 정도로 1년은 빨라도 너무 빠르다. 나도 올 한 해는 더욱더 성숙한 좋은 글을 써야지. 매년 그러한 생각으로 글을 쓰지만 언제나 하는 말이 앞을 볼 수가 없기에 예전에 시력이 조금 살아 있을 때 모든 계절을 보았기에 또한 지원사님들께서 이렇다 저렇다고 말을 해 주시기에 예전에 내가 보았던 계절과 비교를 하면서 글을 쓴다. 하지만 그렇게 쓰는 글을 지원사님께서 타자해주면 글을 읽어주는 컴퓨터(다빈치)가 만족한 글이 나올 때면 그렇게 행복할 수가 없다.

솔직히 가슴이 뿌듯하지만 조금 마음에 들지 않는 글이 나올 때면 수정해서 좋은 글이 나올 때가 있고 수정을 해도 좋은 글이 될 수 없는 글은 즉시 미련 없이 삭제해 버린다. 그럴 때는 조금은 허탈감이라 할까?

내 주위 사람들은 모두 컴퓨터로 글을 쓰지만 나는 컴퓨터를 할 수가 없어 A4 종이에다 더듬으면서 쓰기 때문에 한번 글을 쓰면 끝이 날 때까지 써야만 한다. 쓰다가 다시 쓰려면 어디까지 어떻게 써 놓았는지 알 수가 없어 끝까지 쓸 수밖에 없다. 다른 사람들은 글을 쓰다 글이 막히면 생각해 놓았다 다시 쓰지만 나는 어쩔 수가 없다. 그래서 좋은 글이 나오기가 힘들다. 하지만 오늘도 하늘을 올려다보며 허탈한 웃음을 구름에 실려 보낸다.

나는 그 길을 가고 있다

며칠간 가을 날씨가 따뜻하더니 오늘 밤은 가을비가 조용히 내린다. 늦가을을 재촉이라도 하듯이 가을비는 하염없이 내린다. 이번 필리핀에서 발생한 태풍도 그저 무사히 지나가기를 기도할 뿐이다. 이제 나이가 드니까 모든 게 걱정뿐이다. 이 나이가 되면 남은 앞길이 보인다더니 아마도 그러한 것 같다. 이미 먼저 가 버린 친구들 생각, 나의 욕심도 그동안 인생길을 걸어오면서 어느 누구와 맺힌 게 있다면 화해를 하고 남은 인생을 편하게 살아가야 할 것이다. 이제는 젊은 시절, 중년 시절을 지나 노년의 길을 가고 있지 않는가.

소년 시절에는 공부한다고, 중년 시절에는 자식들을 가르치고 결혼을 시키고 나면 이제는 쉬엄쉬엄 가려 해도 노년을 위해 열심히 일을 해야 한다. 그러다 보면 자식들은 평소에 전화 한 통 없다가 돈이 필요하면 찾아와 손을 내민다. 요즘 젊은 사람들 중에 자신들이 열심히 밤이나 낮이나 노력해서 스스로 돈을 모아 사업을 하든 집을 사든 자기 힘으로 하려 하지 않고 대부분 부모에게 손을 내민다. 부모들은 한 푼이라도 더 벌려고 밤낮을 모르고 일을 했건만 요즘 젊은 사람들은 힘들고 작업복이 더럽고 힘든 일은 하지 않으려 한다. 일을 해도 아주 깨끗한 일, 돈 많고 시간 적게 드는 일을 하려 한다.

얼마 전 여론조사를 했는데 20대에서 30대 사이에 70%가 직장을 꺼린다고 한다. 우리 시대와 지금 시대가 달라도 너무나 다르다. 우리 세대는 모두가 못 먹고, 배우고 싶어도 집이 가난하기에 배우지를 못했다. 그래서 지금 몇몇 노인들이 배움의 한이 되어 초중고, 대학까지도 다니고 있다. 젊은 사람들은 다 늙어가지고 공부는 무슨 공부 하겠지만 그 얼마나 공부에 한이 맺혔기에 지금에 와서 손주뻘 되는 학생들 속에서 공부를 하겠는가. 요즘 젊은 사람들은 80% 이상이 대학을 졸업한다. 부모가 배우지 못해 가르쳤것만 부모에게 빌붙어 살아가지 않는가. 세상이 변해도 너무나 변해 버렸다.

이제 우리 시대는 끝이 보인다. 나이가 들다 보니 내가 걸어온 길을 되돌아보게 되고 행여 어느 누구와 잘못이 있다면 모든 걸 풀어야지 않을까. 그리해야만 남은 인생이 행복하지 않을까? 그러기에 나는 그 길을 걷고 있다.

서민의 삶

누군가는 태어날 때 금수저를 물고 태어난 사람, 그와 달리 보통으로 태어나는 사람이 있는가 하면 부모가 원하지 않는데 태어난 사람도 있다. 사람은 알고 보면 태어날 때부터 자신의 삶의 운명이 정해져 있나 보다.

부잣집에서 태어난 사람은 어려서부터 뭐 하나 부족함 없이 자라며 성인이 되어서도 돈에 대해서 별 의미를 모른다. 부모가 준 카드와 고급 외제차에 뭐 하나 부족함 없이 세상을 살아가다 보니 결혼해서도 마찬가지다. 그런 사람은 가정이란 존재가 얼마나 귀하고 소중한지도 모른다. 하지만 서민 가정에서 태어난 사람은 어려서부터 형제간의 우애와 부모님과 가족의 소중함을 어느 누가 가르쳐 주지 않아도 스스로 알아 간다. 그것은 부모님의 하루하루 살아가는 삶을 보고 자연스럽게 배워가는 것이다. 그렇게 가정의 소중함과 부모님의 소중함, 형제간의 우애를 어려서부터 보고 느끼고 마음에 새겨 놓는다. 학교를 다니면서도 공부를 열심히 해 부모님의 힘을 조금이라도 덜어드리기 위해 장학금을 받거나 아르바이트를 한다. 그러기에 부모는 자식을 더욱더 사랑하게 된다. 부잣집에서 태어났다면 자기 자식이 밤늦게까지 공부를, 아르바이트를 하지 않아도 될 텐데 하며 부모는 더욱더 자식을 사랑하게 되고 가정은 더욱 화목한 가정으로 변하게 된다.

우리 서민들의 하루하루 살아가는 삶을 가만히 보면 절대로 큰 욕심을 내지 않는다. 그것은 욕심을 낸다고 해서 되는 게 아니라는 것을 알기에 그러한 것이다. 큰 욕심 없이 자식들 건강하고 가정이 평안하고 가족 어느 누구 한 사람 크게 아프지 않고 지금 살아가는 대로만 살아갔으면 하는 바람뿐이다. 하지만 있는 집 자식들은 어떠한가. 돈 무서운 줄 모르고 형제간의 우애는 물론이고 가정도 귀한 줄 모른다.

내가 살고 있는 아파트 바로 뒤편에 6차선 도로가 있

다. 밤이 되면 차 소리에 자다가도 깜짝 놀라 잠을 깨기가 일쑤다. 나중에 들은 이야기지만 외제 차의 동호회가 있고 오토바이도 동호회가 있다고 했다. 차량 배기 통을 불법으로 교체를 하는 모양이다. 무슨 소리가 그렇게도 큰 소리를 내는지 그것도 한두 대가 아니고 밤새도록 소리를 내고 지나가면 그 다음에는 오토바이, 오토바이가 지나가면 차들이 밤이 새도록 굉음을 낸다. 저 사람들은 낮에는 무엇을 할까. 가난한 서민의 자식들이 그러하지는 않을 것이다. 아무리 부모를 잘 만나 그렇게 살아간다지만 다른 사람들에게 피해는 주지 말아야 할 것이 아닌가.

  우리 아파트는 모두가 서민들이다. 저녁 늦게 새벽 일찍 일터로 가고 오고 하는 걸 보면 정말 서민처럼 부끄럼없이 어느 누구에게 사기 치지 않고 자신의 노력만큼 돈을 벌면서 열심히 살아가는 걸 보면 참으로 보기에도 아름답다. 밤늦게까지 아니면 잠이 일찍 깨어 새벽에 일어나 글을 쓰다가 허리와 팔을 풀기 위해 베란다로 나가면 새벽 일찍부터 차 시동 거는 소리, 오토바이 시동 거는 소리 모두가 그날그날 일터로 가기 위해 새벽부터 분주하게 움직인다. 한때는 저 사람들과 마찬가지로 살았는데 내가 언제 나도 모르게 여기까지 와버렸나 생각이 든다.

내가 본 '서민의 삶'을 살아가는 이들의 행운과 행복과 가정의 평안과 모든 가족들의 건강을 내 마음속으로 기원해 본다.

모퉁이

 계절은 참으로 알 수가 없다. 3일 전만 해도 37도까지 무더웠던 날씨가 주말 동안 전국적으로 많은 비가 내리고 월요일이 되어 완연한 가을 날씨가 되니 사람들이 긴소매 옷을 입었다. 옆에 걸어가던 사람이 새벽 운동을 나가니 춥더라고 했다. 기후 변화일까? 아니면 우리가 예민한 걸까? 약을 처방받으려고 병원을 들렀다. 사람들은 날씨 이야기뿐이다. 처방전을 받아 약국에 들러 약을 받아 들고 오늘도 '모퉁이야 커피숍'을 들러 따뜻한 커피를 주문했다. 사람이란 그날그날 생각이 똑같나 보다. 따끈한 커피를 한 모금 한 모금 마시니 내가 커피를 마시는 동안 커피숍에 들어온 사람들마다 따뜻한 커피를 찾는다. 오리털 잠바까지 입고 다니는 사람도 있었다.

계절이란 참으로 우리의 마음을 설레게 한다. 꽃집에는 가을의 계절을 알리기라도 하듯이 각색의 국화를 화원 앞에 전시해 놓았다. 하지만 진한 국화 향기가 풍겨야 하는데 그리 나질 않는다. 온실에서 자라서일까. 만약 야생 국화라면 그 옆을 지나치면 국화의 향기가 진동할 텐데 그렇지가 않다. 가을 하면 국화가 아닌가. 그러니깐 옛 생각이 난다.

내가 고향에 살 적에 우리 밭둑에는 이맘때가 되면 노란 야생 국화가 엄청 피어났다. 유달리 우리 밭둑에만 야생 국화꽃이 많이 피었다. 밭에 가면 온통 국화 향기가 진동했다. 야생화 국화를 몇 송이 꺾어와 방 안의 병에 꽂아두면 그 꽃이 완전히 시들어도 향기만큼은 여전하다. 아마 '모퉁이야 커피숍'에도 사장님께서 국화 화분을 놓아둘 것이다. 가을 하면 꽃 중의 꽃은 국화가 아닌가. 이제 밤송이도 하나둘씩 알이 영글어 입을 벌려 밤알이 떨어질 것이다.

언제나 가을은 풍요로운 계절이다. 머지않아 과수원에서는 모든 과일들을 수확하느라 바쁘고 은행나무는 은행이 떨어져 사람들 발길에 밟혀 고약한 냄새를 풍길 것이다. 길을 걷다가도 그곳을 피해서 걷고 싶지만 앞을 볼 수 없는 나로서는 어쩔 수 없이 그곳을 밟고 지나가야만 한다. 그래도 내 신발이 하얀 고무신이기에 집에 오면 곧바로 씻어 고약한 냄새가 나질 않는다. 가을은 모든 사람들에게 감동을 주는 계절이다.

엄마의 젖가슴

 사람은 태어나면 본능적으로 젖을 찾는다. 아기는 엄마의 젖가슴을 찾아 1년에서 1년 반 정도를 먹는다. 옛날에는 산모가 잘 먹어야 젖이 나올 텐데 하루하루 살아가기도 힘이 들어 엄마의 젖은 그리 많이 나오지 않았다. 아이는 배가 고픈데 젖은 나오지 않고 힘껏 빨아도 나오지 않으면 있는 힘을 다해 악을 쓰고 운다. 엄마의 마음은 얼마나 미어졌을까. 먹을 것은 부족하고 자식들은 대추나무에 열매 맺히듯 줄줄이고 못 먹고 못 살아도 어느 부모가 자기 자식을 소중히 여기지 않을까. 젖을 충분히 먹이지 못한 엄마는 밥을 지을 때 그릇을 솥 안에 넣어 두고 불을 때면 밥이 끓으면서 밥물이 그릇에 담기면 물을 약간 달게 해서 아이에게 먹인다. 그것도 양이 부족하면 밥을 아주 부드럽게 씹어서 아이 입에 대면 아이는 젖 빨듯이 쪽쪽 빨아 먹는다. 아마 60년대 이전에 태어난 사람은 거의 그렇게 자랐을 것이다.

저수지가 없어 농수로도 정비가 되지 않아 그저 하늘만 쳐다보고 농사를 지었으니 논, 밭에 가뭄이 들면 흉작이 되곤했다. 거기다 나라를 빼앗기고 해방은 되었지만 또다시 전쟁으로 궁핍했던 시절 지금 생각해 보면 너무도 고생들이 많았다. 어려서 젖배부터 곯았으니 아이들은 성장이 더뎠다. 어려서 젖을 못 먹어 면역력이 약해 성장 과정에서도 자주 아팠다. 그래서 청년이 되어서도 영양 부족으로 많이들 죽었다.

요즘은 시설 좋은 병원에서 출산해서 조리원에서 산후조리를 하고, 아이의 면역력을 높이기 위해 몇 달간을 모유를 먹이다 차츰 분유로 바꾸어 먹인다. 대부분 산모의 몸을 관리하기 위해서 그러기도 하지만 요즘은 모두가 맞벌이를 하기에 그럴 수밖에 없는 상황이다. 어려서부터 우량아로 자라는 아이들은 대부분 분유를 먹이니 엄마의 젖가슴을 알지 못한다.

내가 어려서 동생들이 엄마의 젖을 빨 때면 한쪽 손가락은 엄마의 한쪽 젖가슴을 만지며 젖을 빤다. 그것이 바로 내가 본 엄마의 젖가슴이 아닐까. 옛날 엄마들은 정말 위대했다고나 할까. 당신은 배가 고파도 먹지 않고 배고픔에 굶주린 자식을 위해 끼니를 구해다 자식들에게 먹이지 않았던가. 나는 그런 것을 많이 보았다.

가을에 벼를 홀태에 훑다 보면 뒷정리를 어두워질 때까지 하게 된다. 엄마는 큰 가마솥에 밥을 지어 저녁까지 먹게 하려고 큰 양푼이 여기저기에 퍼 담아 놓았다. 일을 마치고 그분들이 가실 때면 한 분, 한 분 드렸다. 젖먹이 아이를 두고 온 엄마는 마음이 급해 집에 가자마자 엄마들은 젖가슴을 내밀어 아이에게 물렸다. 아직도 엄마의 젖 냄새가 내 코끝을 적신다.

계절의 나뭇잎

　계절의 변화에 따라서 사람들은 계절이 가고 새로운 계절이 오는구나, 그러한 생각으로 계절을 보내고 새로운 계절을 맞이한다. 직장 생활하는 사람이나 시골에서 농사일을 하는 사람들은 바쁘게 움직이지만 낭만과 계절을 좋아하는 사람들은 그때그때 낭만을 즐긴다. 하지만 이런 생각을 해 보았을까. 봄이 오면 뾰족뾰족 돋아난 잎을 보고 여름이면 푸르른 나뭇잎을 보고 가을이 오면 단풍잎이 빨갛게 노랗게 물든 걸 보면서 그 아름다움에 심취하고 겨울이 되면 앙상한 가지만 남아있는 나무를 한 번쯤 생각을 해 봤을까. 아마도 생각을 해 보는 사람도 있을 것이다.

여름이 되면 그 왕성한 나뭇잎이 가을이 되어 아름답게 물들어 겨울이 오면 한 잎 두 잎 모두 떨어져 앙상한 가지만 남는다. 사람들이 조금만 상처가 나거나 작은 가시가 박히면 고통을 느끼는 것처럼 식물도 자기 몸에서 한 잎 두 잎 떨어질 때마다 나무들은 얼마나 아프고 가슴이 아플까. 그 모든 걸 잊게 하려고 혹독한 겨울의 바람이 부는 것이 아닐까. 그렇게 생각해 본다.

 딸을 가진 부모는 결혼을 시키면 그때처럼 서운한 게 없다. 하지만 아무리 식물일지라도 생각해 보면 우리의 생명나무와 똑같지 않을까. 아름다운 꽃이 피었을 때 그냥 꽃구경만 하면 좋으련만 어떤 사람은 아름답다는 이유만으로 나뭇가지를 생각 없이 그냥 꺾어 버린다. 얼마나 아플까라는 생각을 전혀 하지 않는다.

 그런 나무는 혹독한 겨울 동안 성장을 멈추고 봄이 되면 서서히 기지개를 펴고 새로운 싹을 틔운다. 그렇게 나무도 한 살 한 살 먹는다. 나무나 사람이나 그 생명이 다할 때까지 일을 하다가 생명이 끝이 나면 사람도 나무도 모두 죽는다. 어느 것이든 생명을 가진 것들은 죽기 마련이다.

 여름철이 되면 그 많은 나뭇잎을 왕성하게 기르기 위해

나무는 얼마나 많은 노력을 했을까. 그러다가도 다음 계절이 되면 떠나보내야 하는 나무, 자신의 생명이 다할 때까지 수십 번이고 수백 번이고 쓸쓸히 떠나보내야 하는 나무. 그래서일까 생명나무처럼 질긴 나무들을 잘라 제재소로 가 우리가 살아가는데 용도에 맞게 쓰이고 있지 않은가. 귀한 나무를 감사히 생각해야 할 것이다. 우리 생활에 필요한 자재로, 가정의 분재로. 또한 성장하면서 산소 공급을 해주어 사람들은 맑은 공기를 마실 수 있다. 만약 나무가 없다면 지금 이 시대에 호흡 질환에 걸려 살아갈 수가 없을 것이다.

  나도 예전에는 나무를 함부로 꺾었다. 어느 날 겨울 동안 앙상한 가지를 깊이 생각해 본 적이 있었다. 그 후로 나무를 생각하며 나뭇잎을 생각하게 되었다. 물론 나뭇잎은 수명이 다해 떨어지지만 그 나무는 우리 사람처럼 딸을 시집보내듯이 나뭇잎은 하염없이 모두 떨어지고 만다지만 나무도 슬픔이 많을 것이다. 계절의 나뭇잎처럼 우리의 생명도 언젠가는 떨어질 것이다.

언젠가 봄은 온다

 겨울바람결에 아름답게 물들었던 단풍잎 하나가 거미줄 위에 떨어져 바람결에 춤을 춘다. 단풍잎은 그대로 땅에 떨어졌으면 이리저리 나뒹굴어 어느 누구도 눈길을 주지 않았을 텐데 거미줄 위에 떨어져 춤을 추니 많은 사람들의 눈길을 사로잡는다.

 이제 가을의 계절은 점점 짧아지고 머지않아 가을빛에 곱게 물든 단풍잎도 보지 못할 때가 오지 않을까 걱정이 된다. 올가을만 해도 나뭇잎이 곱게 물들기 전에 엄청난 눈이 내리더니 강추위로 변해 버려 나뭇잎은 초록빛으로 그대로 떨어져 버렸다. 은행잎도 노랗게 물든 곳도 있지만 토질이 좋은 곳은 지금까지도 약간 노랗게 물들다 말고 초록색 그대로 나뭇가지에 매달려 있다. 초록빛을 띤 잎은 그냥 그대로 떨어지지 않을까.

한 계절 한 계절 지나면 사람도 그만큼 변해 간다. 어찌 생각하면 우리의 인생은 한편으로는 좋은 일도 많지만 때로는 참으로 고달프기도 한다. 소년 시절에는 아무런 근심 걱정 없이 마냥 즐겁기만 했고 나는 무엇을 해 돈을 많이 벌어 아내와 자식들을 먹이고 가르치고 생각대로만 될 줄 알았는데 결혼을 해 자식을 낳아 길러 보니 뭐가 그리도 힘이 드는지 그제서야 인생이란 무엇인가를 깨닫게 된다.

가정을 위해 자식을 위해 열심히 살다 보니 내 젊음은 온데간데 없고 허리를 펴고 보니 내 머리에는 어느새 한 계절 한 계절 따라 가다보니 하얀 서리가 내려 있고 얼굴은 내가 보아도 놀랍도록 변해 주름살이 흉할 정도로 져 있고 그 곱고 고왔던 젊음의 얼굴은 찾아볼 수 없고 한 해 한 해 사진을 계절이 가듯이 찍어 놓았으면 변해가는 내 모습을 볼 수가 있었을 텐데 그동안 사진 한 장 찍어 놓은 것 없이 뭘 하고 살았나 싶다. 이제는 노년의 길을 걷다 보니 걸음걸이도 부자연스럽고 허리도 무릎도 안 아픈 곳이 없고 먼 산을 바라보면 내 인생을 생각해 보면 그저 긴 한숨만 쉴 뿐이다.

　겨울 바람은 싱싱 불어오고 곱게 물들었던 단풍잎도 모두 떨어져 이리저리 나뒹굴고 나무는 앙상한 가지로 남아 이 겨울을 보낼 것이다. 옷을 벗어 버린 나무를 보면 어찌 보면 안쓰러운 생각이 든다. 사람은 추울수록 옷을 더욱더 두껍게 입는데 아무리 식물이라 하지만 이 추운 겨울에 옷을 모두 벗어 버리다니. 그러고 보면 우리 사람과는 정반대다. 나무는 여름이면 옷을 더욱더 많이 입고 사람은 더 많이 벗어 버리니 말이다.

　하지만 봄은 온다. 그러면 식물도 사람도 봄을 기다리며 겨울을 보낼 것이다. 지구도 돌고 계절도 돌고 사람은 돌고. 돌수록 추해지지만 식물이나 계절은 더욱더 아름다워진다. 그러고 보면 우리네 인생의 삶이란 고달픈 인생사라고나 할까. 그러나 그 고달픔도 그리 멀지 않았을 것이다. 언젠가 봄이 오면 크게 한번 기지개를 펴고 봄을 맞이할 것이다.

왜 그리 사셨소

얼마 전에 아버지 기일이었다. 이제는 아무리 보고 싶어도 만날 수 없는 나의 부모님, 보고 싶어도 마음속으로 그리워하며 옛 추억으로만 젖어 본다. 내가 이렇게 나이를 먹어 황혼길 앞에 서 있으니 왜 이렇게 저 하늘에 별이 되어 버린 두 분이 이다지도 그리운지, 더욱더 그립게 하는 것은 내가 아주 어릴 적 희미하게 생각이 난다.

아버지는 이른 새벽에 일어나서 일을 하러 나가셨다. 아주 밤늦게 들어오시고 어머니도 새벽에 일어나 베틀에 앉아 베를 짜셨다. 그렇게 우리 육 남매를 먹이고 입히고 밤낮을 모르시던 우리 아버지 엄니. 지금 생각해 보면 무척이나 고생 많으셨다. 물론 그 당시에는 어느 집도 마찬가지였겠지만 유달리 우리 부모님들은 더 열심히 사신 것 같다. 어쩌다 맛있는 음식이 있으면 당신들은 먹지도 않으시고 자식들인 우리에게 한 입이라도 더 먹이려고 하시던 부모님. 왜 어른들이라고 먹고 싶지 않았을까. 엄니 옆에 딱 붙어 제비 새끼들마냥 한 번이라도 더 달라고 조르던 철없던 나와 동생들의 모습이 어렴풋이 내 머릿속을 스친다.

내가 이 나이가 되고 보니 아버지 엄니 생각을 이해할 것 같다. 내가 두 자식을 기르다 보니 나는 먹지 않아도 아이들이 입을 벌리고 달라 할 때 나도 어릴 적 이러했을 텐데라는 생각이 든다. 이제 와서 생각이지만 아버지 엄니 왜 그리 사셨소,라고 긴 한숨을 내쉬며 그런 말을 묻고 싶다. 도대체 자식이 뭐길래. 당신들은 배를 곯으며 자식들에게 한 입이라도 더 먹이려고 그리도 애를 썼을까. 그렇게 기른 육 남매에게 효도 한 번 제대로 받아 보지도 못하시고 너무나도 일찍이 저 하늘의 별이 되어 버린 부모님을 생각할 때마다 내 마음은 천 갈래 만 갈래 미어진다. 그렇게도 짧은 생을 마감하시려고 그리도 밤낮을 가리지 않고 사셨나 싶다.

새벽 일찍 일어나 베틀에 앉아 딸깍딸깍 베를 짜다 희뿌옇게 날이 밝으면 가족들을 먹이려고 아침밥을 지으시고 또다시 밤이 늦도록 베틀에서 내려오실 줄 모르시던 우리 엄니. 아버지도 새벽 일찍 일어나 소꼴을 한 짐 베어 놓고 일터로 나가셨다. 밤이 늦도록 일을 하시다 들어오실 때는 소꼴을 가득히 한 짐을 지고 들어오셨다.

아버지 엄니 조금씩만 일을 하시지 왜 그리 사셨소. 그 당시에는 어린 마음이라 몰랐지만 지금에 와서 생각해 보니 자식인 우리가 두 분에게 크나큰 죄를 지은 게 분명하다. 우리가 조금 컸을 때 조금이라도 효도를 했어야 했는데 그저 미안하고 부끄럽고 할 말이 없다. 하지만 아버지 엄니 자식이 뭐길래 왜 그리 사셨소. 미안하고 죄송합니다. 아버지, 어머니.

청춘

 그 옛날 내가 젊은 청춘 시절 어른들로부터 젊었을 때 힘도 청춘도 아끼란 말을 많이 들었다. 물론 나뿐만 아니라 많은 젊은 사람들이 그런 말들을 많이 들었을 것이다. 글쎄 그 젊은 청춘을 아낀다고 아껴졌을까. 청춘도 아낀다고 그 자리에 머물고 있다면 그 얼마나 좋을까. 하지만 청춘은 세월 따라 바람 따라 흘러간 인생인 걸 어느 누가 그 시간을 붙잡을 수가 있겠는가. 지금 와서 내 젊은 인생을 생각해 보니 그때 그 시절 어른들의 그 말씀이 생각이 난다.

 우리의 인생은 어느 누구나 그 자리에 머무는 것은 절

대로 아니다. 설령 젊어서 일을 하지 않고 어떠한 생각도 고민도 하지 않는다 해도 우리의 인생은 자연스럽게 흘러가고 나이를 먹는 것이다. 지금 이 나이 되어서 철없이 놀던 그 어린 시절을 생각하면 내가 생각해 봐도 못난 기억이 참으로 많다.

옛 어른들 말대로 젊음을 아끼라는 말이 정말 그 자리에 머물 수만 있다면 이 세상 나이 든 노인들이 어디 있을까. 하지만 그 말은 젊었을 때 쓸데없는 일에 너무 힘을 빼지 말란 말이다. 어른들의 그 말이 절대적으로 틀린 말이었다. 그 당시 같은 또래이지만 못 먹고 요령 피우지 않고 새벽부터 밤늦게까지 일을 하는 사람과 그렇지 않은 사람을 비교할 때면 지금은 우리가 70대이면 그 친구는 거의 80대로 보인다. 그러기에 그런 걸 보고 느끼기에 힘을 아껴라, 젊은 청춘을 아끼라고 하셨던 말이었다. 하지만 그 당시 우리는 젊은이고 힘이고 마냥 그대로 있는 줄만 알았지 이렇게 이빨 빠진 호랑이처럼 노약자가 빨리 될 줄 알았나? 왜 어른들은 한마디로 틀린 말 없이 그렇게도 딱 맞는 말씀만 하셨을까. 지금에 와서 그 옛날과 지금을 생각하면 그저 깊은 한숨만 나오고 왜 이렇게도 세월이 빠른지 나도 모르겠다.

30대 때까지만 해도 마냥 젊은 청춘으로만 살아갈 것 같더니 40대부터 조금씩 빠르더니 50대 60대부터는 브레이크 없는 자동차처럼 가속도가 붙어 빠르게만 흘러간다. 이런 생각 저런 생각을 해 보니 내 인생도 거의 종점에 다다른 것 같다.

 어느 누구나 자신의 나이가 많다고 서운해하거나 절대로 슬퍼하지 않았으면 좋겠다. 우리네 인생은 한 번 왔다 한 번 가는 인생으로 끝을 맺는다. 왜 우리가 빈손으로 태어났겠는가. 죽을 땐 아무것도 생각지 말고 가지고 가려고도 말고 그러기에 알몸으로 태어났으니 이제 와서 젊은 청춘은 아무것도 생각을 말자.

엄마의 향수

 엄마는 지금 내 나이까지 살아보지 못하셨다. 부모님은 모두 일찍 돌아가셨으니까. 그리고 황혼의 길에 서 있는 나는 이제부터 한 걸음 한 걸음씩 걸어가 보려고 하니 엄마가 너무나도 그립다. 나는 왜 그리도 말썽만 피웠을까. 지금 생각해 보면 낮이나 밤이나 시도 때도 없이 엄마께 부지깽이로 맞았다. 언제라 할 것 없이 엉덩이며 종아리며 부지깽이 자국이 없어진 날이 없었던 것 같다. 말썽을 피우지나 말고 엉뚱한 생각을 말지 하면서도 지금 생각하면 철이 없어도 그리도 없었을까. 내 잘못은 생각하지도 않고 엄마한테 매를 맞고 나면 왜 우리 엄마는 왜 저런 엄마일까, 다른 친구 엄마들은 정말 좋은데 유달리 우리 엄마는 조금만 잘못을 해도 말로만 뭐라 하지 않고 그저 부지깽이로 우릴 때려야만 속이 풀리나 하며 원망스런 마음도 가졌던 것 같다. 저놈의 부지깽이를 없애버리려고 해도 부엌에 불을 때야 하기에 없앨 수도 없고 어린 나이에 고민한 적이 한두 번이 아니었다.

  그 당시에 엄마한테 워낙 맞았기에 엄마가 방에서 부르면 눈치채고 절대로 방에 들어가지 않으니 그 후부터는 아무런 말도 없이 마당 어느 곳이고 살며시 다가와서 내 허리춤을 잡고서 인정사정없이 부지깽이 가는 대로 후려쳤다. 그럴 때는 왜 맞는지도 모르고 "엄마 잘못했어요. 다시는 안 그럴게요." 하며 빌었다. 엄마는 어느 정도 때리고 나서 "네가 뭘 잘못했는지 알고 그런 소리를 하니" 물으면 나는 "몰라요." 엄마는 "너 방금 잘못했다며 다시 안 그런다며." 되물으셨다. 그 당시 아무리 철없는 아이라지만 엄마가 그런 말을 되물으면 나도 속으로 도대체 내가 뭘 잘못했기에 지금 이렇게 맞으면서 싹싹 빌면서 잘못했다며 다신 안 그러겠다고 말을 하고 있을까. 속 시원하게 말을 해주면서 맞으면 아무리 철딱서니 없는 아이라도 반성이라도 할 텐데 영문도 모른 채 안 그린다느니 잘

못했다느니 엄마가 다 때리고 나서 물으면 영문도 모른 채 그런 소리를 했을까 하며 나도 우습다.

그러나 내가 잘못하지도 않은 말을 하실 때는 그저 억울했다. 그 일은 내가 한 일이 아니었다. 나는 그제야 내가 한 것이 아니라고 말하면 왜 이제서야 말하느냐며 많이 아프지, 하셨다. 영문도 모른 채 맞으니 억울할 수밖에. 그 모든 게 내가 그만큼 말썽꾸러기였기에 맞지 않아도 될 매를 맞은 것이다.

그 어린 시절 엄마의 추억에 젖어 본다. 잊을 수 없는 엄마의 향수.

| 장용식의 수필세계 |

마음의 눈으로 보는
수채화 같은 수필

오경자
(수필가 · 문학평론가)

문학은 자신의 느낌을 바탕으로 하여 내 생각과 타인의 생각을 미루어 짐작하는 상상이라는 것을 극대화 시키는 일이라고 볼 수 있다. 그 안에 자신의 철학과 소망을 녹여 넣는 일이다. 그중에 수필은 자신의 체험을 바탕으로 한다는 대전제가 있다. 그래서 실생활에서 만나는 소소한 일들이 그 글감이 된다. 자연히 내가 겪은 일, 내가 본 일들이 등장하고 그것들을 중심으로 해서 글이 빚어지는 것이 수필이다. 회고와 추억이 주된 글감이 될 경우가 많은 것이 이런 이유에서 비롯되는 일이다.

자연사랑

 수필가 장용식은 바로 자기가 겪은 일, 보고 들은 것들을 쓰되 마음의 눈으로 보고 상상의 나래를 무한대로 펼치는 작가이다. 그의 주된 글감은 자연이다. 계절의 변화를 노래하고 자연에 대한 외경심과 아름다움에 대한 찬사는 독자의 심금을 울리는 묘한 마력을 지니고 있다. 자연을 벗 삼고 자연에 대한 깊은 사랑과 외경심이 그의 수필 바탕에 깔려 있다고 함이 정확한 말이 될 정도로 장용식의 수필에서 자연은 글감이며 자연 그 자체가 바로 주제인 경우가 아주 많다. 그만큼 그는 자연을 사랑한다. 있는 그대로를 아끼고 존중한다. 그리고 그는 그 자연의 아름다운 변화를 눈이 아닌 마음으로 본다.

 심한 약시로 태어나 힘들게 살다가 중년이 넘어 거의 실명하게 된 것 같다. 그런 시각장애를 딛고 그는 자연을 노래한다. 약시인 시절에 보았던 자연을 바탕으로 그는 마음의 눈을 열어 삼라만상을 노래한다. 계절의 오묘한 변화를 노래하고 극찬한다. 그리고 전혀 처량하지 않은 즐거움으로 그 자연을 독자에게 기쁨으로 전한다. 그의 수필은 전혀 침울하지 않다. 경쾌하고 종달새의 노래를 듣고 있는 착각에 빠지게 할 정도이다. 그는 삶 자체를 지극히 사랑하고 매사에 순종한다.

    계절이 변해 가듯이 우리 인생도 자연스럽게 변해 가는 것이다. 그와 마찬가지로 곧 머지않아 완연한 봄소식이 들려올 것이다. 계절 중에 봄처럼 좋은 계절이 또 있을까. 이제 봄은 온통 꽃의 향기로 가득 찰 것이다. 주말이면 너나 나나 할 것 없이 가족들이 봄소식에 얼굴을 묻고 활짝 피어나지 않을까. 사람의 마음은 어쩔 수가 없나 보다. 마음속에 봄이 오면 이미 봄은 우리 곁에 와 있다. 봄의 향기 봄바람에 실려 우리에게 향긋한 봄의 향기를 가슴속 깊이 적셔준다.

-「봄바람」중에서

    나도 예전에는 나무를 함부로 꺾었다. 어느 날 겨울동안 앙상한 가지를 깊이 생각해 본 적이 있었다. 그 후로 나무를 생각하며 나뭇잎을 생각하게 되었다. 물론 나뭇잎은 수명이 다해 떨어지지만 그 나무는 우리 사람처럼 딸을 시집보내듯이 나뭇잎은 하염없이 모두 떨어지고 만다지만 나무도 슬픔이 많을 것이다. 계절의 나뭇잎처럼 우리의 생명도 언젠가는 떨어질 것이다.

-「계절의 나뭇잎」중에서

    그 시절엔 메밀 새순이 어느 정도 자라면 많이 나는 곳은 솎아낸 메밀은 나물로 그냥 된장에 먹으면 참으로 맛이 일품이었는데 이제는 먹고 싶어도 먹을 수가 없다. 언제나 메밀꽃이 필 때면 가을 곡식을 거두어들일 준비를 했다. 가고 싶고, 보고 싶은 내 고향이 너무나도 그립다.
- 「메밀꽃 필 때면」 중에서

계절에서 자연의 섭리를 깨닫고 그 변화에서 우주의 질서를 읽어낸다.

인생 함축의 수필

이제는 모든 욕심 내려놓고 친구들과 술 한 잔을 비우고 또는 커피숍에서 차 한 잔을 마시며 상대방이 먼저 계산하기를 기다리지 말고, 누가 먼저라 할 것 없이 그저 건강하게 살다가 유행가 가사처럼 오라 하면 가야 하지 않을까. 죽는 날까지 움켜쥐어 봐야 그렇게 간다면 얼마나 후회되겠나. 죽으면서까지 저 독한 놈 소리만큼은 듣지 말아야 하지 않겠는가. 죽을 때면 참 좋은 사람이었는데라는 소리를 들어야 남은 가족들에게도 행복하지 않겠는가.

이제 11월 말쯤 되면 곱게 물든 단풍잎이 모두 떨어지듯이 우리네 인생도 마냥 아름답게만 물들어 있지 않을 것이다. 곱게 물들었던 단풍잎처럼 한 입 두 입 떨어져 벌거숭이가 되듯이 우리네 인생도 마찬가지. 그래도 노년의 길을 걸으면서 행복만은 누려야 하지 않을까. 이제는 행복을 위해서 살아갈 때이다.

- 「노년의 행복」 중에서

추억이 그대로 글감

우리 장로님께서는 친구들과 비포장도로를 걸어가면서 배가 너무 고파 친구들끼리 검정 고무신을 한 짝씩 벗어서 엿장수에게 주고 엿과 바꿔 먹었단다. 신발 한 짝만 신고 걸어 봐야 뭘 하겠나 싶어 신은 신발까지 벗어 또다시 엿과 바꿔 먹으며 걸어 갔더니, 어린아이들이 비포장 길을 걸으면서 발바닥이 얼마나 아팠겠는지 생각만 해 봐도 얼굴이 찡그러진다. 얼마나 배가 고팠으면 신발을 벗어서 엿과 바꿔 먹었을까. 그렇다고 밥도 아니요, 빵도 아닌 엿은 먹을 때뿐이지 배도 부르지 않고 그러기에 철없는 아이들이 아니었을까. 어느 엄마가 그걸 보고 가만히 있었을까. 아마 장로님도 부지깽이로 많이 맞지 않았을까. 물론 친구들도 뻔한 일이 아닌가. 나도 지겹도록 신었었는데 지금은 검정 고무신이 추억이 되어 버렸다.
- 「장로님의 검정고무신」 중에서

모든 문학이 결국 인생을 말하는 것이지만 장용식의 수필은 인생 함축이 그 본령이라 할 만큼 간결하고 담담하게 인생을 그려내는데 그 함축미가 일품이다.

부모 마음 말함이 가슴 아프다. 그러면서도 천착하지 않고 진솔하게 그려냄으로써 독자의 심금을 더 깊이 울려준다.

그냥 그의 글을 읽으면 시각장애인의 글이라고 생각되지 않는다. 그만큼 그는 자신의 장애를 자연스러울 정도로 받아들이고 적응하며 순응하고 있다. 그 마음새를 발견하고 처연해지는 독자의 마음이 오히려 우주 질서를 거스르는 것 같을 정도라고 표현함이 맞을 것 같은 느낌이다. 그는 자신의 장애를, 그 불편함을 운명으로 받아들이고 그 가운데서 감사하는 깊은 순응을 실천하는 사람이고 그것을 수필로 잘 빚어내는 깊은 사색의 작가라 할 수 있다. 거기서 한 발 더 나아가 비장애인보다 훨씬 깊은 성찰로 독자를 깨우치는 차원 높은 수필의 주제를 전달하는 작품을 빚어내는데 이르고 있다.

> 예전에는 차가 없어 비포장도로 몇십 리를 걸어가야 하는데 눈은 저 먼 길을 언제 갈까 하고 걷다 보면 어느새 목적지에 다다른다. 이 말은 눈은 게으르고 발은 부지런하다는데 눈과 몸이 다르니 나는 늘 운동을 하고 싶다. (…)
>
> 계절은 막바지 가을을 재촉한다. 강원도에는 단풍잎이 절정을 이루고 있다. 아직 이곳 경남은 단풍잎이 물들지 않았다. 나도 무릎만 건강하다면 예전처럼 배낭 하나 둘러메고 가을여행을 떠났을 텐데 그저 생각에 젖어 본다.
>
>   - 「영원함은 없다」 중에서

부모에 대한 속 깊은 사랑을
은유와 절제로 표현하는 작가

 어머니는 그에게 있어 가슴 따뜻한 회고의 중심에 있다. 자신의 어머니를 회고하는 데만 그치는 게 아니다. 장애인을 둔 어머니의 심정을 담담하게 그려내며 자신의 어머니에 대한 상념을 간접으로 느끼게 함으로써 독자의 심금을 울리는 속 깊은 주제를 잘 전달해 내고 있다. 서글픈 인상을 그의 글에서 전혀 느낄 수 없는 것이 오히려 독자를 가슴 저리게 한다. 슬픔을 아름다움으로 승화시킨 것은 그의 깊은 통찰과 삶에 대한 긍정적 사랑이 수필 전편을 흐르고 있어서 가능하다고 생각된다. 자연의 오묘한 우주질서를 그는 심안으로 보면서 아름답게 변하는 우리의 사계절을 생생하게 독자에게 전한다. 봄꽃을 노래하고 여름의 폭우를 전한다. 불타는 단풍을 전하는가 하면 백설로 뒤덮인 우리의 산야를 목청껏 노래한다.

 옛날 내 고향집 장독 뒤에 나팔꽃 씨앗을 촘촘히 심었다.
 나팔꽃은 연보라색 보랏빛 언제나 나팔꽃은 자라면서 울타리에 넝쿨을 감고 올라가면서 마디마디마다 꽃을 피운다. 아침에 일어나 보면 나팔꽃은 싱싱한 꽃으로 많이도 피어 있다. 나팔꽃은 울 엄마가 무척 좋아해 언제나 장독 뒤에 심으라고 하셨다. 엄마께 "엄마, 엄마는 왜 나팔꽃을 그리도 좋아해요? 오전에 잠깐 피었다 오후가 되면 시들어버리는데." 하고 물으면 "사람도 저 나팔꽃처럼 오전에는 열심히 일하지만, 오후가 되면 힘이 빠져 무척 힘들게 하지 않니. 그와 마찬가지로 오후가 되면 잎을 닫고 쉬지 않니." 하신다.

나는 그 뜻을 알고 고개를 끄덕였다. 엄마의 말씀이 맞다. 언제나 나팔꽃이 필 때면 엄마 생각이 나도 모르게 자연스럽게 난다. 그래서 해마다 빠지지 않고 꽃씨를 심는다.
- 「엄마의 나팔꽃」 중에서

감사와 긍정으로 점철된 수필

세월의 빠름을 한탄하면서도 노년의 청승을 담아내는데 그치는 것이 아니라 장애를 가졌음에도 수필을 쓸 수 있게 허락하신데 대한 감사를 노래하는 수필가 장용식은 희망의 전령이다. 그는 수필을 통해 세상은 살아 볼 만한 것이라는 강한 희망을 전달하는 작가이다. 긍정과 승리의 작가이다. 서글픈 인상을 전혀 주지 않는 표현이 훨씬 선명하고 깊이가 있다.

그러니까 내가 직장 생활한 지도 벌써 40년이 넘어버렸다. 내 직장 생활을 여태껏 단 한 번도 생각해 보지 않았는데 글을 쓰다 보니 벌써 그 많은 세월이 흘러버렸다. 그 당시 여공들 중 그런 사람들이 몇 명 있었다. 그 사람들은 언제나 마이너스다. 월급 다음 날부터 동료들에게 돈 좀 빌려달라고 이 사람 저 사람 만나 사정을 하는 걸 자주 보았다. 그렇게 사는 사람은 매달 그러하였다. 그 사람들을 자세히 관심을 가지고 보면 주야로 군것질이 입에서 떨어지질 않는다. 한 달에 주야로 근무하면서 그 얼마나 귀한 돈인가. 남들 잘 때 자지 못하고 힘들게 일을 하면서 돈 귀한 줄 모르고 그렇게 군것질로 모두 써 버린다. 그런 사람은 집 전세든 셋방이든 월세도 내지 못하고 쫓겨날 사람들이다. 다행히도 기숙사가 있기에 그나마 살아가지만 그러한 사람들은 결혼을 해 가정을 가져도 평생을 그렇게 살 사람이다.

만약 이런 사람들이 인생을 내게 묻는다면 뭐라고 대답할 것인가. 우리의 인생은 너나 나나 조금의 차이지 너는 행복하다고 나는 불행했다고가 아니라 그냥 인생 공부하면서 즐겁게 살았다고 말하는 것이 행복하지 않을까.

- 「인생이 내게 묻는다면」 중에서

그것이 우리 장애인들의 성격이 아니라 본능이 아닐까 조심스럽게 생각해 본다. 나도 집안에서는 아내가 두 번 말하면 바로 큰소리가 나온다. 그러면 아내는 내 성격을 알기에 자기 방으로 들어가면서 방문을 닫아버린다. 하지만 그때뿐이다. 화는 바로 풀린다. 나는 이 성격을 고치려고 무척이나 애를 쓰는 중이다. 밖에 나가 남들에게 큰 소리 내거나 상대방이 잘못을 하면 예전에는 끝까지 물고 늘어졌는데 지금은 그러려니 하고 아예 신경을 쓰지 않는다. 성격을 고친 계기는 글을 쓰고부터다. 마지막 남은 성격을 꼭 고칠 것이다. 때때로 집사람에게 신경질 내는 것과 화내는 것을.

나의 장애가 남모르게 고통스러울 때가 어디 한두 번이 아니지만, 부모님 원망은 단 한 번도 없었다. 오십 중반에 장애인이 되어 버린 걸, 장애는 그 사람의 운명이라고 생각한다. 나처럼. - 「나의 장애」 중에서

장애인의 운명을 잘 말하고 있으면서도 그 현실을 받아들이고 순종하는 일상을 꾸밈없이 진솔하게 그려내고 있는 필치가 담담해서 독자의 마음을 더 두드린다.

세월의 허망함과 부부애를 애틋하게 표현

세월의 덧없음과 가족애, 부부애를 아주 간결하고 담담하게 표현한 수필은 아취가 짙다.

30대 때까지만 해도 마냥 젊은 청춘으로만 살아갈 것 같더니 40대부터 조금씩 빠르더니 50대 60대부터는 브레이크 없는 자동차처럼 가속도가 붙어 빠르게만 흘러간다. 이런 생각 저런 생각을 해 보니 내 인생도 거의 종점에 다다른 것 같다.

어느 누구나 자신의 나이가 많다고 서운해하거나 절대로 슬퍼하지 않았으면 좋겠다. 우리네 인생은 한 번 왔다 한 번 가는 인생으로 끝을 맺는다. 왜 우리가 빈손으로 태어났겠는가. 죽을 땐 아무것도 생각지 말고 가지고 가려고도 말고 그러기에 알몸으로 태어났으니 이제 와서 젊은 청춘은 아무것도 생각을 말자.

-「청춘」 중에서

사람들이 어떤 사람이 되었건 서로 마음에 들어 정이 들면 어느 누구도 말릴 수가 없다. 우리 주위에서 흔히 볼 수가 있다. 멀리 볼 곳도 없이 나와 지금의 내 아내이다.

내가 아내와 만나 사귈 때 아내는 머리에서 발끝까지 모두 명품으로만 입고 다녔다. 그 당시 아내와 데이트를 하면서도 큰 걱정을 했었다. 이 여자가 명품만 입고 사는데 나 같은 장애인에게 와서 살 수가 있을까. 아내는 그 당시 나를 장애인으로 생각지도 보지도 않았었다. 어느 누구나 나를 참 잘생겼다고 욕심이 난다 말을 듣는 얼굴이었다. 하지만 모두가 내 두꺼운 안경에는 전혀 신경을 쓰지 않았다. 그렇게 살았던 아내가 장애인을 만나 작업복을 입고 새벽 다섯 시면 병원 청소 일을 하고 오후 1시면 다시 병원으로 가 물리치료 보조 일을 한다. 내 아내는 내가 시력을 완전히 잃을 때까지 지금까지도 말 한마디 없이 그저 묵묵히 나를 지켜주고 있다.

나도 당신이 있기에 글을 쓴다. 장애인과 비장애인이라 할지라도 서로가 맞춰가며 살아가기에 여기까지 왔다. 여보! 고맙소. 당신이 있었기에.

- 「당신이 있었기에」 중에서

그는 사회에 대한 제언을 잊지 않고 글에 담아낸다. 그의 글은 교훈적이거나 주장을 펴는 것이 아니라 소박하고 간결해서 그 주제의 전달이 훨씬 선명하고 깊이가 있다.

자식들이 제아무리 많아도 부모는 모두 먹이고 가르쳐 결혼을 시키고 나이가 들어도 부모란 그저 이 자식 저 자식 거기서도 조금이라도 못 살면 천날만날 자식 걱정에 밤을 지새운다. 하지만 자식들은 열 명이 있어도 어느 자식도 부모를 모시려 하지 않고 전화도 없고 자기 자식들이 조금이라도 아프면 호들갑을 떨지만 자식들도 부모처럼 나이가 들면 그 자식들도 자기처럼 외면할 것이다. 자식은 그제서야 자기 부모를 생각하며 후회를 해 보지만 때는 이미 늦어 이 세상에 없는 걸 어찌하리. 이 세상에 부모와 자식들의 사이는 모두가 그러한가 보다. 정신을 차려 부모님을 챙기려면 이미 이 세상 사람이 아닌 것을 나이 들어서는 자식이 주는 조그마한 선물 하나에도 큰 감동을 받는 것이 이 세상의 부모이다.

- 「자식은 몰라」 중에서

장용식은 장애를 극복한 정도를 넘어 깊은 관조의 세계에 든 지 오래인 듯하다. 그 속에서 뽑아낸 수필은 그야말로 가슴의 소리이다. 간결한 문장과 담박한 표현이 장애의 비애를 절절히 표현하는 것이 없어 수필이 깔끔하다. 그 속에 깊은 울림으로 주제를 잘 전달하고 있다. 인생의 참맛을 느낄 수 있는 장용식의 수필세계를 즐길 수 있는 것은 독자의 복이다.

마음의 눈으로 사물을 재해석하는 장용식의 수필집 『구름이 내게 웃는다』의 일독을 기쁜 마음으로 권하는 바이다.

장용식 수필집

구름이 내게 웃는다

2025년 6월 25일 초판 인쇄
2025년 6월 30일 초판 발행

지은이   장용식

발행인   강병욱
발행처   도서출판 교음사
편집   수필문학사

03147 서울 종로구 삼일대로 457 수운회관 1308호
Tel (02) 737-7081, 739-7879(Fax)
e-mail : gyoeum@daum.net
등록 / 제2007-000052호

* 잘못된 책은 바꿔 드립니다. 값 18,000원

ISBN 978-89-7814-055-3 03810

후원

한국장애인문화예술원
Korea Disability Arts & Culture Center

- 이 책은 한국장애인문화예술원의 후원을 받아 2025년 장애예술 활성화 지원사업의 일환으로 발간 되었습니다.

- 이 책 내용의 전부 또는 일부를 재사용하려면 저작권자와 교음사의 동의를 받아야 합니다. 지은이와의 협의 하에 인지는 생략합니다.